Schnelleinstieg in SAP® CRM

Markus Frey

Willkommen bei Espresso Tutorials!

Unser Ziel ist es, SAP-Wissen wie einen Espresso zu servieren: Auf das Wesentliche verdichtete Informationen anstelle langatmiger Kompendien – für ein effektives Lernen an konkreten Fallbeispielen. Viele unserer Bücher enthalten zusätzlich Videos, mit denen Sie Schritt für Schritt die vermittelten Inhalte nachvollziehen können. Besuchen Sie unseren YouTube-Kanal mit einer umfangreichen Auswahl frei zugänglicher Videos:

https://www.youtube.com/user/EspressoTutorials.

Kennen Sie schon unser Forum? Hier erhalten Sie stets aktuelle Informationen zu Entwicklungen der SAP-Software, Hilfe zu Ihren Fragen und die Gelegenheit, mit anderen Anwendern zu diskutieren:

http://www.fico-forum.de.

Eine Auswahl weiterer Bücher von Espresso Tutorials:

▶ Christine Kühlberger: Schnelleinstieg in die SAP®-Vertriebsprozesse (SD) *http://5007.espresso-tutorials.com*

▶ Simone Bär: SAP® Agenturgeschäft (LO-AB): Zentralregulierung, Bonus und Provision
http://5061.espresso-tutorials.com

▶ Kevin Riddell, Rajen Iyver: Practical Guide to SAP® GTS, Part 1: SPL Screening and Compliance Management
http://5100.espresso-tutorials.com

▶ Kevin Riddell, Rajen Iyver: Practical Guide to SAP® GTS, Part 2: Preference and Customs Management
http://5134.espresso-tutorials.com

▶ Kevin Riddell, Rajen Iyver: Practical Guide to SAP® GTS, Part 3: Bonded Warehouse, Foreign Trade Zone, and Duty Drawback
http://5162.espresso-tutorials.com

▶ Ulrika Garner: SAP® SD – Vertriebsprozesse leicht gemacht
http://5220.espresso-tutorials.de

Bibliografische Information der Deutschen Bibliothek
Die Deutsche Bibliothek verzeichnet diese Publikation in der Deutschen Nationalbibliografie; detaillierte bibliografische Daten sind im Internet über http://dnb.ddb.de abrufbar.

Markus Frey
Schnelleinstieg in SAP® CRM

ISBN: 978-3-960125-29-7

Lektorat: Anja Achilles

Korrektorat: Stefan Marschner

Coverdesign: Philip Esch

Coverfoto: fotolia #170970711 | © patpitchaya

Satz & Layout: Johann-Christian Hanke

Alle Rechte vorbehalten

1. Aufl. 2018, Gleichen

© Espresso Tutorials GmbH

URL: *www.espresso-tutorials.de*

Feedback:
Wir freuen uns über Fragen und Anmerkungen jeglicher Art. Bitte senden Sie diese an: *info@espresso-tutorials.com*.

Inhaltsverzeichnis

Vorwort

Kundenbeziehungen sind in den letzten Jahren immer stärker in den Fokus der Unternehmen gerückt. Um diese Beziehungen nachhaltig und vorausschauend pflegen und entwickeln zu können, gibt es CRM-Systeme.

Im Allgemeinen sind viele verschiedene CRM-Systeme am Markt erhältlich – im vorliegenden Buch werden wir uns aber vornehmlich mit dem von der SAP herausgegebenen Produkt auseinandersetzen. In Kapitel 1 werde ich generell auf die wichtige Bedeutung von CRM-Systemen für Unternehmen in der heutigen Welt fokussieren. Danach richtet sich unser Blick konkret auf das SAP CRM und dessen Historie. Kapitel 2 beschäftigt sich mit den grundlegenden Konzepten und Prinzipien des Systems. Dann beleuchtet Kapitel 3 die am häufigsten verwendeten Prozesse und Funktionalitäten des SAP-CRM-Systems. Darauffolgend werde ich auf verschiedene grundlegende Einstellungen und Erweiterungsmöglichkeiten eingehen. In den Kapiteln 6 und 7 gebe ich Ihnen einige für Anwender und Systembetreuer hilfreiche Tipps. Den Abschluss bildet der Ausblick mit den momentan bekannten Plänen der SAP zur Weiterentwicklung des CRM-Systems.

Natürlich kann dieses Buch nicht alle Funktionen und Einstellungsmöglichkeiten des SAP-CRM-Systems auflisten, aber Sie sollten damit einen guten Einstieg in diese spannende Welt erhalten. Und sobald Ihnen die Grundlagen und die allgemeine Funktionsweise bekannt sind, wird es Ihnen leichtfallen, selbständig neue Funktionen zu erlernen oder auch Lösungen zu finden, wie Prozesse in SAP CRM abgebildet werden können.

Für viele Begriffe aus dem System gibt es nicht immer adäquate deutsche Übersetzungen. Ich habe trotzdem versucht, diese auch in deutscher Sprache korrekt wiederzugeben und ggf. zu umschreiben.

Danksagung

Zunächst möchte ich mich bei allen Lesern für das Interesse an diesem Buch bedanken. Ein ganz großes Dankeschön gilt auch der Firma Espresso Tutorials für die Möglichkeit, dieses Projekt zu verwirklichen, und das jederzeit konstruktive Feedback, insbesondere von meiner Lektorin Anja Achilles. Bei meinem Arbeitgeber, der MULTIVAC Sepp Haggenmüller SE & Co. KG, bedanke ich mich für die Zurverfügungstellung des Systems für die Screenshots.

Ganz besonders möchte ich mich bei meiner Frau und meinen Kindern für das Verständnis und die Unterstützung während dieses Buchprojektes bedanken.

Im Text verwenden wir Kästen, um wichtige Informationen besonders hervorzuheben. Jeder Kasten ist zusätzlich mit einem Piktogramm versehen, das diesen genauer klassifiziert:

Hinweis

Hinweise bieten praktische Tipps zum Umgang mit dem jeweiligen Thema.

Beispiel

Beispiele dienen dazu, ein Thema besser zu illustrieren.

Warnung

 Warnungen weisen auf mögliche Fehlerquellen oder Stolpersteine im Zusammenhang mit einem Thema hin.

Zum Abschluss des Vorwortes noch ein Hinweis zum Urheberrecht: Sämtliche in diesem Buch abgedruckten Screenshots unterliegen dem Copyright der SAP SE. Alle Rechte an den Screenshots hält die SAP SE. Der Einfachheit halber haben wir im Rest des Buches darauf verzichtet, dies unter jedem Screenshot gesondert auszuweisen.

1 Einstieg in ein CRM-System

Zunächst werden wir uns damit beschäftigen, welchen Zweck ein CRM-System verfolgt und in welchen Bereichen es eingesetzt werden kann. Danach betrachten wir die Architektur des SAP-CRM-Systems und führen uns die verschiedenen Entwicklungsstufen seit der ersten offiziellen Version vor Augen.

1.1 Was ist ein CRM-System?

CRM ist die englische Abkürzung für *Customer-Relationship-Management*, was übersetzt »Kundenbeziehungsverwaltung« bedeutet. Wie der Name schon sagt, liegt der Fokus, also das Hauptaugenmerk eines solchen Systems, auf dem Kunden – er ist hier der zentrale Angelpunkt.

Ziel des Systems ist es, den Kunden – oder auch erst den potenziellen Kunden – über den gesamten Zeitraum der gemeinsamen Geschäftsbeziehung zu verfolgen. Damit ergibt sich ein völlig anderes Denken im Unternehmen: Nicht nur der technische Ablauf vom Herstellen bis zum Ausliefern eines verkauften Produkts ist für ein Unternehmen wichtig, sondern vielmehr verschiebt sich durch den Einsatz eines CRM-Systems die Verkaufsphilosophie im Betrieb hin zum Kunden. Denn letztendlich entscheidet der Kunde über Erfolg und Misserfolg eines jeden Unternehmens.

Der eben angesprochene Lebenszyklus eines Kunden bzw. seine Beziehung mit dem Unternehmen lassen sich vereinfacht wie in Abbildung 1.1 darstellen.

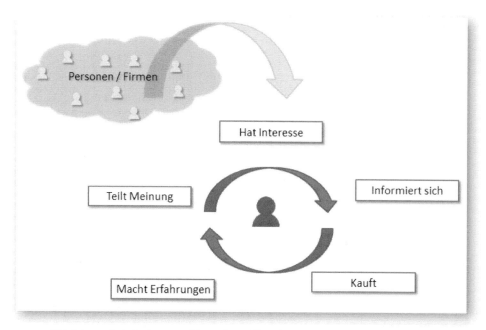

Abbildung 1.1: Lebenszyklus eines Kunden

Sobald ein potenzieller Kunde die ersten Anzeichen von Interesse an einem Produkt zeigt, sollte die Interaktion vonseiten des Unternehmens gestartet werden. Die Informationsbeschaffung, der Kauf an sich und die anschließende Betreuung sind lauter Interaktionspunkte, die bestenfalls alle in einem CRM-System dokumentiert und später in der Kommunikation mit dem Kunden wiederverwendet werden sollten. Neben den direkten und offensichtlichen Verbindungen gibt es weitere Daten, die ein CRM-System erfassen und verarbeiten kann. So lassen sich beispielsweise jegliche Ergebnisse von Werbemaßnahmen wie Gewinnspiele, Mailings etc. verarbeiten, und diese ermittelten Daten können dann in weiteren Prozessen zurate gezogen werden. Hier sind viele Maßnahmen möglich und denkbar – Grenzen werden allerdings von den jeweilig geltenden Verbraucherschutzgesetzen oder auch manchen länderspezifischen Regularien gesetzt. Diese sollten unbedingt beachtet und eingehalten werden.

1.2 Benutzergruppen

In einem Unternehmen können viele Mitarbeitergruppen von einem CRM-System profitieren:

▶ **Vertrieb:**
Jeder Vertriebsmitarbeiter kann schon vor einem Termin mit einem interessierten Kunden die bereits bekannten Daten im System prüfen. Bei einem noch fremden Interessenten ist wahrscheinlich nur die Adresse dokumentiert. Im Gegensatz dazu kann die Historie bei bekannten Kunden deutlich umfangreicher und aussagekräftiger sein. Damit kann der Mitarbeiter sich vorab beispielsweise die Interessen und eventuell vorhandene frühere Probleme anzeigen lassen. Daraus lassen sich Verkaufschancen prognostizieren, die er im System verwalten und gesammelt eine Verkaufsprognose ableiten kann.

▶ **Service:**
Kommt es zu einem Serviceeinsatz, hat der Kunde schon ein Produkt des Unternehmens bezogen. Da der Service meistens nur bei Problemen zurate gezogen wird, ist ein Einblick in die Historie des Kunden besonders hilfreich. Und das kann ein CRM-System bieten.

▶ **Marketing:**
Ziel der Marketingabteilung ist, das Unternehmen positiv darzustellen und durch gezielte Maßnahmen weiteres Marktpotenzial zu erkennen. Damit diese Maßnahmen nicht blind gestreut werden und möglicherweise unnötig Geld verbrannt wird, empfiehlt es sich, Marketingaktionen zumindest zu einem größeren Teil auf Informationen eines CRM-Systems fußen zu lassen.

▶ **Innendienst:**
Bei größeren Unternehmen stehen nicht alle Mitarbeiter im direkten Kundenkontakt. Viele interne Aufgaben (z. B. Vorbereitungen für einen Termin) sind für die Kunden selber gar nicht sichtbar, sondern dienen lediglich der Vorbereitung der direkten Kundenkommunikation (Vertrieb oder Service). Auch Innendienst-Mitarbeiter sollten ihre Arbeitsergebnisse im CRM-System ablegen und damit für weitere Kollegen sichtbar machen.

▶ **Management:**
Alle im CRM-System erfassten Daten dienen zum einen der konkreten Unterstützung der Abteilungen bei jedem Kundenkontakt. Zum anderen können mit der Vielfalt gesammelter Informationen auch Entscheidungen innerhalb des Unternehmens beeinflusst werden. So lassen sich z. B. durch einfache Auswertungen der Verkaufschancen Probleme und ein mögliches Verbesserungspotenzial bei bestimmten Produktsegmenten aufdecken, und damit kann die weitere Produktentwicklung konkret unterstützt werden. Neben diesen Reports können ebenso Benutzer aus dem Management in Prozesse eingebunden werden – entweder direkt mit dem Übernehmen von Aufgaben, bei Genehmigungen oder Entscheidungsfindungen.

Insgesamt gibt es kaum Unternehmensbereiche, die für den Einsatz eines CRM-Systems nicht in Betracht kommen. Zwar sind die Hauptnutzer vornehmlich der Vertrieb und der Service – ebenso können aber auch weitere interne Aufgaben im gesamten Unternehmen mithilfe eines solchen Systems abgebildet werden.

1.3 Warum ist ein CRM-System hilfreich?

In einem CRM-System können alle Arten von Interaktionen mit dem Kunden dokumentiert werden. Diese Daten sind immens wichtig, um den »Wettbewerb um den Kunden« gewinnen und das Kundenverhältnis auf Dauer positiv gestalten zu können.

Dabei ist es nicht entscheidend, ob das eigene Unternehmen im B2B (Business-to-Business, Handelsbeziehungen zwischen Unternehmen)- oder aber im B2C (Business-to-Consumer, Beziehungen zwischen Unternehmen und Konsumenten)-Geschäft unterwegs ist. In den letzten Jahren lässt sich zudem eine immer stärkere Vermischung der beiden Modelle erkennen. Die Vorteile und der Nutzen eines CRM-Systems sind bei beiden Geschäftsmodellen gleich. Denn der entscheidende Faktor ist immer der Mensch – und der erwartet in seinem privaten wie beruflichen Umfeld die bestmögliche Leistung.

1.4   SAP CRM als Bestandteil der SAP Business Suite

SAP CRM ist ein typisches CRM-System mit allen zuvor beschriebenen Funktionen. Es ist ein wichtiger Bestandteil der *SAP Business Suite* (Abbildung 1.2) – eine Unternehmenssoftware bestehend aus mehreren Kernanwendungen, die alle wesentlichen Geschäftsprozesse unterstützt.

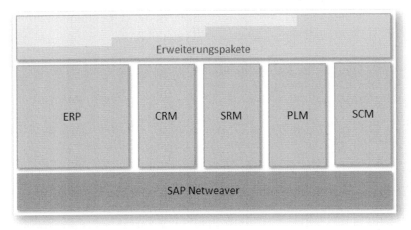

Abbildung 1.2: Bestandteile der SAP Business Suite

Bestandteile der SAP Business Suite 7 sind neben dem CRM:

▶   SAP ERP
   Enterprise Resource Planning

   Dies ist das Hauptprodukt der SAP, über das alle Geschäftsbereiche eines Unternehmens zusammen erfasst werden können. Einige der enthaltenen Module sind:
   SD   (Sales and Distribution),
   PS   (Project System),
   MM   (Materials Management),
   PP   (Production Planning),
   FI   (Finance),
   CO   (Controlling),
   CS   (Customer Service).

▶ **SAP SRM**
Supplier Relationship Management
Dieses Produkt ist für die Betreuung von Prozessen rund um die Lieferanten eines Unternehmens gedacht.

▶ **SAP PLM**
Product Lifecycle Management
Dieses System kann den kompletten Lebenszyklus eines Produkts verfolgen, unterstützt also die Entwicklung und Herstellung eines Produkts sowie alle damit verbundenen Serviceangebote.

▶ **SAP SCM**
Supply Chain Management
Auf dieser Plattform vereint SAP alle Logistik-relevanten Themen.

Technologisch basiert die Business Suite auf *SAP NetWeaver*.

Die betriebswirtschaftliche Kernanwendung ist das ERP-System. Ein CRM soll nicht die ERP-Prozesse ersetzen; es kann vor allem vorgelagerte Aktivitäten erfassen (wie z. B. Marketing-Vorverkaufsaktivitäten und Serviceabwicklungen) und ist somit eher als Ergänzung zum ERP zu sehen.

Damit zentrale Daten (wie zum Beispiel Kunden/Debitoren, Produkte, Equipments oder auch Aufträge, Verträge) nicht in beiden Systemen erfasst und gepflegt werden müssen, gibt es einen standardisierten Datenaustausch zwischen ERP und CRM. Die Schnittstelle dafür heißt *Middleware*. Sie ist in der Lage, die Daten zwischen CRM und ERP bidirektional auszutauschen. Zur Überwachung dieser Übertragung gibt es Monitore, mit deren Hilfe aufgetretene Fehler erkannt und behoben werden können.

Typischerweise wird ein ERP- mit einem CRM-System verbunden. Allerdings gibt es auch die Möglichkeiten, mehrere ERP-Systeme mit einem CRM-System zu verknüpfen, im Fachjargon *Multi Backend* genannt. Dies wird meistens in größeren Konzernen mit mehreren vormals unabhängigen Unternehmen praktiziert.

Verkaufsprozesse können auch eigenständig, ganz ohne Verbindung zu einem ERP-System, im CRM ablaufen. Manche ERP-Funktionen, wie z. B. Fertigungs- und Buchhaltungsszenarien, finden sich allerdings nicht in diesem System.

Im vorliegenden Buch werde ich die in der Version 7.0 verfügbaren Funktionen und Tools des SAP-CRM-Systems beschreiben.

1.5 Typische Systemarchitektur

Wie im vorhergehenden Abschnitt beschrieben, ist die Verbindung des CRM-Systems zum ERP ein zentraler Punkt in den meisten Systemarchitekturen.

Neben diesen beiden Systemen kann es natürlich noch eine Unmenge weiterer Applikationen geben, die kundenseitig angebunden sind. Nachfolgend versuche ich, einen kurzen Abriss über einige dieser *Umsysteme* (siehe Abbildung 1.3) zu geben, die sich über Standardmittel mit dem CRM verbinden lassen:

► SAP ERP,

► SAP HCM/HR
Human Capital Management: Personalmanagement,

► SAP BW/BI
Business Intelligence: Datawarehouse-Anwendung,

► Groupware
System zur Zusammenarbeit im Unternehmen, wie z. B. Microsoft Exchange (Outlook) oder Lotus Notes,

► SAP TREX
Stellt Suchdienste auf strukturierten Daten zur Verfügung,

► Mobile Server
Für mobile Zugriffe auf das CRM-System stehen verschiedene Möglichkeiten zur Verfügung, wie z. B. die SAP Mobile Platform oder ein FIORI-Frontend-Server,

▶ Telefonanlage

▶ und viele weitere.

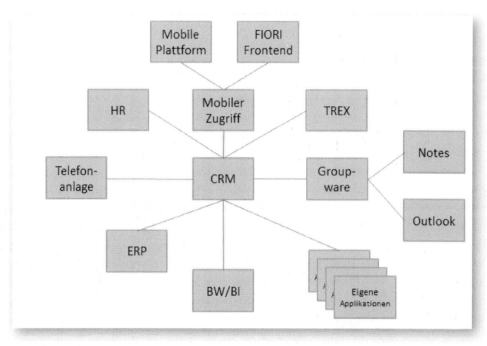

Abbildung 1.3: Auswahl von möglichen Umsystemen

1.6 Technische Entwicklung des SAP-CRM-Systems

Die neueste aktuell verfügbare Version von SAP CRM ist das CRM 7.0 mit dem Erweiterungspaket 4 (EhP 4). Bis zu diesem Versionsstand wurde das System über mehrere Entwicklungsstufen ständig erweitert und verbessert.

Vor allem im Bereich der Benutzeroberfläche hat sich über die Jahre viel getan. Diese wurde zunächst auf SAP-GUI-Basis entwickelt. Ein Beispiel für diese Technologie war der *WinClient*, siehe Abbildung 1.4.

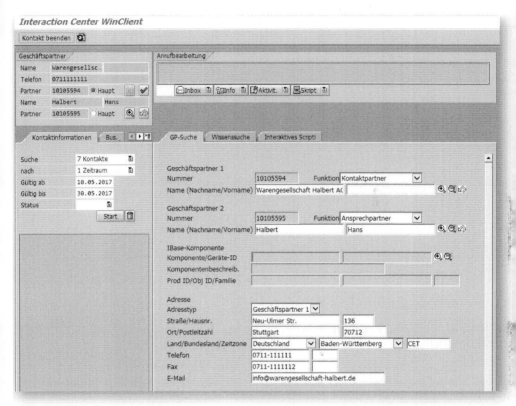

Abbildung 1.4: WinClient

Anschließend wurde mit dem *People Centric UI* (PCUI, siehe Abbildung 1.5) eine neue Oberfläche für einzelne Anwendungen geschaffen. Unabhängig davon gab es mit dem *IC WebClient* (als Ersatz für den oben erwähnten WinClient) eine Version für Betreiber von Callcentern, mit der erstmals versucht wurde, alle relevanten Prozesse ausschließlich webbasiert verfügbar zu machen.

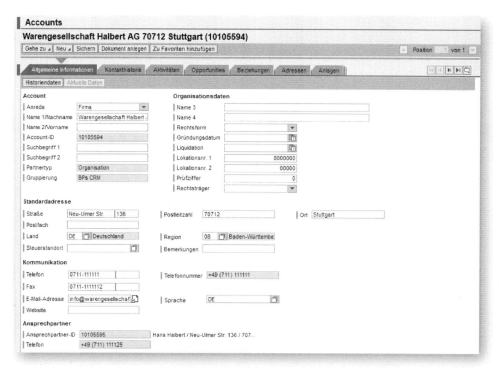

Abbildung 1.5: PCUI

Basierend auf dieser als *Business Server Pages (BSP)* bezeichneten Technologie wurde mit der Version 5.1 die erste komplett webbasierte CRM-Benutzeroberfläche entwickelt, das *WebClient UI* oder kurz *WebUI*. Seit deren Nachfolgeversion 5.2 werden alle wichtigen Funktionalitäten in dieser Web-Oberfläche abgebildet, die Abbildung 1.6 beispielhaft zeigt.

Neben der WebUI-Technologie gibt es vereinzelte Applikationen, die auf der *WebDynpro*-Technik aufsetzen, wie z. B. die in Abbildung 1.7 gezeigte Testapplikation für die einfache Suche.

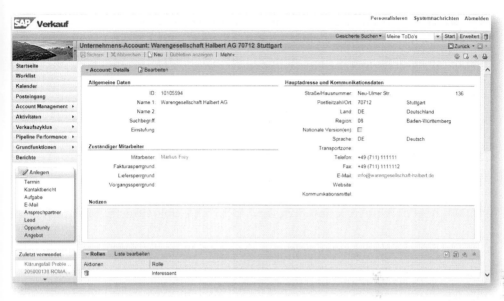

Abbildung 1.6: WebClient, kurz WebUI

Abbildung 1.7: WebDynpro Applikation

Mit den Erweiterungspaketen der Version 7.0 hat schließlich auch das *Fiori UI*, die neueste UI-Technologie der SAP, ins CRM-System Einzug gehalten.

Für Endbenutzer ist als üblicher Einstieg immer der webbasierte WebClient vorgesehen. Einzelne Applikationen können auch über die Fiori-Apps gestartet werden. Für Systembetreuer sind ebenfalls viele Konfigurationsmöglichkeiten in der Web-Oberfläche verfügbar – der Zugang zum System über die SAP GUI ist aber ebenfalls notwendig, um die ganzen Anpassungsmöglichkeiten nutzen zu können.

2 Grundlegende Konzepte

Im Vergleich zum ERP-System von SAP zeigt das CRM einige grundlegende Unterschiede. Oberflächlich betrachtet, ist der größte Unterschied das User Interface (UI). Aber auch in der zugrunde liegenden Architektur und Datenhaltung sind diverse eigene Ansätze zu erkennen.

2.1 Architektur und Grundstruktur

Die Technik des CRM-Systems kann man in einzelne Ebenen unterteilen. Alle UI-relevanten Programmierungen werden in der objektorientierten ABAP-Variante (ABAP OO) entwickelt. Je weiter man sich dann der wirklichen Datenhaltung nähert, desto mehr Funktionen und Logiken sind in der klassischen funktionalen ABAP-Programmiersprache implementiert. Die Oberfläche an sich bedient sich der Business Server Pages (BSP). Diese Webseiten können sowohl ABAP (funktional oder objektorientiert) als auch HTML und weitere Skriptanteile (meistens Javascript, aber Visual Basic Script ist ebenso möglich) beinhalten.

Abbildung 2.1 visualisiert die drei Ebenen eines CRM-Systems: Die Daten werden in der Datenebene über APIs (Applikationsschnittstelle) aus der Datenbank gelesen. Anschließend werden sie intern in der Abstraktionsebene in einer baumartigen Struktur gehalten (weitere Details dazu in Abschnitt 7.4). In der Präsentationsebene wird schließlich das Konzept Model View Controller (MVC) (Abbildung 2.2) benutzt, mit dem eine Trennung von Datenmodell (Model), Darstellung (View) und Logik (Controller) erreicht wird. Die Darstellung der Benutzeroberfläche erfolgt dann über die in Abschnitt 1.6 erwähnten BSP-Seiten.

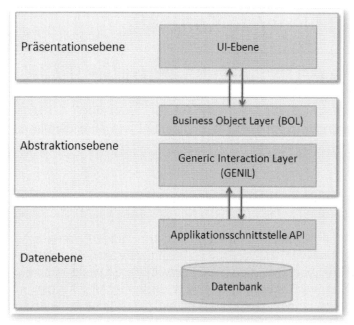

Abbildung 2.1: Ebenen der CRM-Architektur

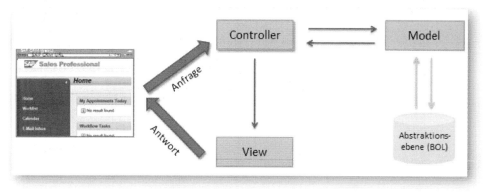

Abbildung 2.2: Model View Controller

Die Daten werden ausgehend vom Modell über die Ebenen *Business Object Layer (BOL)* und die darunterliegende *Generic Interaction Layer (GENIL)* abgerufen. Die Methoden des BOL bieten eine immer gleiche Abstraktionsschicht vor der eigentlichen Geschäftslogik und den Funktionen, die im GENIL verwendet werden.

2.2 UI-Konzept

Für Benutzer des klassischen SAP-Systems ist die Benutzeroberfläche des CRM der markanteste Unterschied. Der Enduser kann diese Oberfläche mit einem Webbrowser über das *http-* bzw. *https*-Protokoll aufrufen.

Unterstützte Browserversionen

 Für einige Browserversionen gelten je nach Releasestand des Systems einige Einschränkungen. Hier empfiehlt es sich, immer mal wieder die SAP-Hinweise zu sondieren – angefangen beim Haupthinweis 1746385. Dieser enthält u. a. eine Matrix mit Informationen, welche Browserversion mit welchem Produkt bzw. welchen Voraussetzungen unterstützt wird.

Diese webbasierte Oberfläche folgt einem eigenen Konzept und kann über Customizing, UI-Konfigurationen und Eigenentwicklungen angepasst werden.

Die Oberfläche ist aufgeteilt in ein typisches L-Shape, bestehend aus den Kopfinformationen, dem Navigationsbereich und dem Arbeitsbereich (siehe Abbildung 2.3).

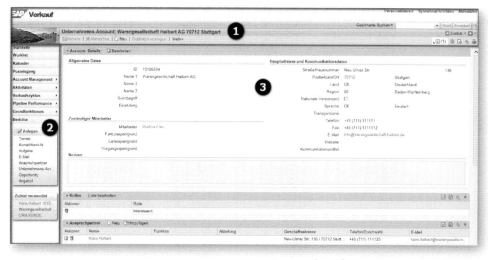

Abbildung 2.3: L-Shape der Benutzeroberfläche

❶ Header/Kopfbereich

In diesem Teil der Benutzeroberfläche (Abbildung 2.4) sind statische Bereiche wie der Zugriff auf gespeicherte Suchen sowie die Vor- und Zurück-Navigation untergebracht.

Abbildung 2.4: L-Shape-Kopfbereich

❷ Navigation

Die globale Navigation auf der linken Seite (Abbildung 2.5) bietet den Einstieg in die für die jeweilige Benutzerrolle definierten Arbeitsbereiche sowie Schnellzugriffe zum ANLEGEN und eine Liste der zuletzt bearbeiteten Datensätze (z. B. Kunden, Ansprechpartner, Aufgaben, Verkaufsvorgänge). Die Abbildung zeigt jeweils die Standardeinstellung für die Benutzerrollen SALESPRO, SERVICEPRO und MAR-

KETINGPRO. Sie beinhalten die typischerweise in den Abteilungen benutzten Funktionen. Eine Neuaufteilung der Rollen und Funktionen ist natürlich möglich (siehe Abschnitt 4.3.1).

Abbildung 2.5: L-Shape-Navigationsleiste

❸ Arbeitsbereich

Hier können die Daten zu einem ausgewählten Datensatz (z. B. Kunde, Kundenauftrag) angezeigt und bearbeitet werden. Es wird zwischen der »Homepage« (Abbildung 2.6, erreichbar über den Navigationseintrag STARTSEITE), »Einstiegsseiten« mit Links zum Anlegen und Suchen (Abbildung 2.7, mit dem Navigationseintrag VERKAUFS-ZYKLUS) sowie »Übersichtsseiten« mit der Anzeige eines ausgewählten Datensatzes (Abbildung 2.8) unterschieden. Eine Übersichtsseite erreichen Sie über die Suche (Auswahl des Menüpunktes in der Hauptnavigation und weitere Navigation über den entsprechenden Sucheintrag im Arbeitsbereich) und das Auswählen eines Ergebniseintrages oder auch über einen Link (wie z. B. in Abbildung 2.6 unter MEINE TERMINE FÜR HEUTE).

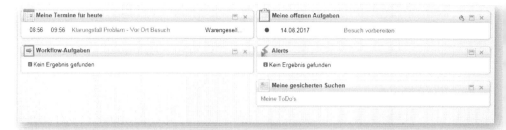

Abbildung 2.6: Arbeitsbereich – Startseite

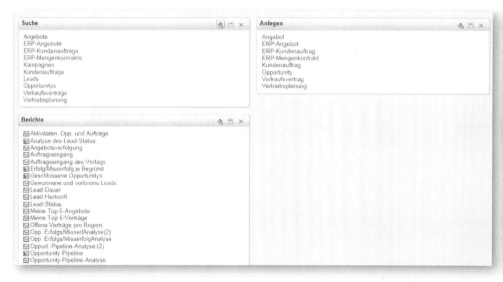

Abbildung 2.7: Arbeitsbereich – Einstiegsseite

Wie im Internet üblich, können Sie über Links auf weiterführende Details navigieren. Alle Links sind normalerweise blau dargestellt (siehe Abbildung 2.9). Hier finden Sie Verknüpfungen zu der Aktivität selbst (Spalte BESCHREIBUNG), zum ACCOUNT und zum ANSPRECH-PARTNER.

Abbildung 2.8: Arbeitsbereich – Übersichtsseite

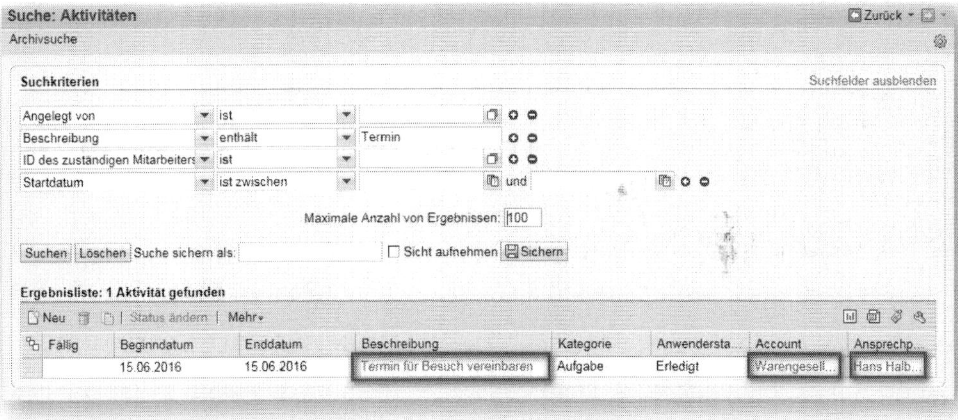

Abbildung 2.9: Links am Beispiel einer Suche

Jeder Benutzer des CRM-Systems hat bestimmte Berechtigungen, mit denen er verschiedene Applikationen einsetzen darf. Die verfügbaren Applikationen sind über die Navigationsleiste und die einzelnen Übersichtsseiten zu erreichen.

Im Folgenden ist auf den Screenshots der Übersicht halber meist nur der Arbeitsbereich abgebildet. Falls nicht anders erwähnt, werden Beispiele aus der Benutzerrolle SALESPRO benutzt.

Für Systemadministratoren sind auch der von SAP gewohnte Einstieg über die SAP GUI sowie der Aufruf über die Transaktionscodes möglich (Abbildung 2.10). Beide werden für die Systemeinstellungen und Entwicklungen benötigt.

Abbildung 2.10: SAP GUI mit Eingabe eines Transaktionscodes

2.3 Stammdaten

Grundlage aller CRM-relevanten Prozesse sind saubere (vollständige und konsistente) sowie aktuelle Stammdaten. Diese müssen konsequent gepflegt und verwaltet werden.

Stammdaten sollten dauerhaft im System bleiben, um etwaige laufende Geschäftsbeziehungen dokumentieren zu können. Basierend auf der europäischen *Datenschutz-Grundverordnung (EU-DSGVO)* besteht aber auch ein »Recht auf Vergessen«, das selbstverständlich auf alte, nicht mehr benutzte Kunden- oder Interessentendaten in einem CRM-System angewendet werden sollte.

2.3.1 Geschäftspartner

Alle Personen und Firmen, mit denen wir im System arbeiten werden, sind als *Business Partner (Geschäftspartner)* hinterlegt. In der Business-Rolle SALESPRO sind die Geschäftspartner über den Navigationseintrag ACCOUNT MANAGEMENT zu finden (siehe Abbildung 2.11), in der SERVICEPRO-Rolle über ACCOUNTS & PRODUKTE.

Grundsätzlich wird zunächst zwischen *Personen, Firmen* und *Gruppen* unterschieden. Unabhängig von dieser Unterscheidung beinhalten alle Geschäftspartner bestimmte Daten, die wir uns nachfolgend etwas genauer ansehen wollen.

Abbildung 2.11: Account Management

Im System selbst sind die Daten als Zuordnungsblöcke am Geschäftspartner zu finden. Abbildung 2.12 zeigt diese Blöcke ACCOUNT-DETAILS, ROLLEN, BEZIEHUNGEN und ANSPRECHPARTNER.

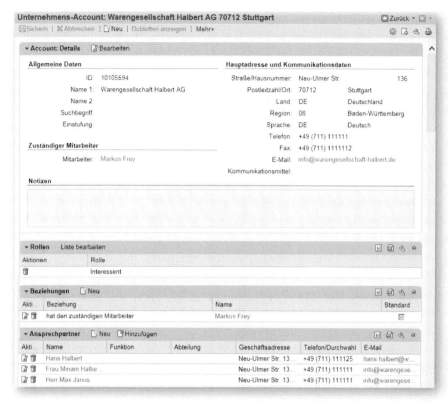

Abbildung 2.12: Account mit Rollen und Beziehungen

Adressen und Kommunikationsdaten

Alle Geschäftspartner können mit einer oder mehreren Adressen (kombiniert mit der jeweiligen Verwendungsart) sowie Kommunikationsdaten (Telefon, Telefax, Mail etc.) angelegt sein.

Rollen

Die Geschäftspartner können im Laufe ihres »CRM-Lebens« verschiedene Rollen annehmen. Einige der vordefinierten Rollen sind zum Beispiel:

Firmen/Gruppen:

▶ Interessent,

▶ Kunde,

▶ Wettbewerber,

▶ Lieferant,

▶ Händler,

▶ Geschäftspartner.

Personen:

▶ Mitarbeiter,

▶ Ansprechpartner.

Diese Rollen lassen sich anpassen und gemäß den Kundenbedürfnissen erweitern. Die Rolle »Allgemeiner Geschäftspartner« wird automatisch jedem Geschäftspartner zugewiesen.

Beziehungen

Geschäftspartner haben oftmals Verbindungen zu anderen Geschäftspartnern. Diese Beziehungen werden in einem CRM-System ebenfalls erfasst. Beispiele für diese Beziehungen sind:

▶ »Ist Mitarbeiter von«
Diese Beziehung wird für die eigenen Mitarbeiter verwendet.

▶ »Ist Ansprechpartner von«
Als Geschäftspartner sind zum einen Firmen und zum anderen die Mitarbeiter dieser Firmen vorhanden. Diese Beziehung wird als »Ansprechpartnerbeziehung« im System abgelegt.

▶ »Ist zuständiger Mitarbeiter von«
Der zuständige Mitarbeiter ist im CRM-System immer der Mitarbeiter der eigenen Firma, der für einen Kunden oder bestimmte Vorgänge im System verantwortlich ist.

- ▶ »Ist Vorgesetzter von«
  Diese Beziehung wird vornehmlich für die Hierarchieabbildungen des eigenen Unternehmens verwendet.
- ▶ »Ist Ehepartner von«,
- ▶ »Händlerbeziehung«,
- ▶ »Ist Warenempfänger für«.

Abbildung 2.13 versucht, ein einfaches Beziehungsgeflecht zwischen Firmen und Personen aus der Sicht des Unternehmens in einem B2B-Geschäft aufzubauen. Diese Beziehungen sind natürlich dynamisch und können auch zeitlich abgegrenzt werden.

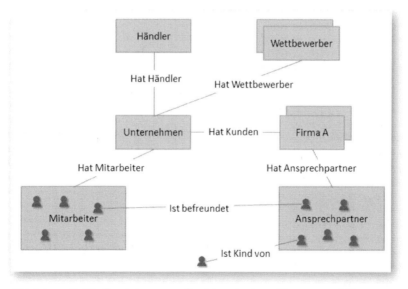

Abbildung 2.13: Beziehungsgeflecht zwischen Firmen und Personen

Zu den genannten Beziehungen können Details hinterlegt werden:

- ▶ gültig von/bis,
- ▶ Funktionen/Abteilung,
- ▶ Kommunikationsdaten,
- ▶ Vertriebsbereich.

Neben den in Abbildung 2.12 gezeigten Zuordnungsblöcken am Geschäftspartner gibt es, wenn Sie weiter nach unten scrollen, einige weitere Zuordnungsblöcke, die nachfolgend erklärt werden.

Vertriebsbereichsdaten

Die Vertriebsbereichsdaten (Abbildung 2.14) geben an, welche Daten standardmäßig für Vorgänge im System zu einem Account eingesetzt werden sollen. Sie sind in folgende wichtigste Verwendungen unterteilt:

▶ Verkauf (z. B. statistische Kundengruppe, Währung, Kundengruppe für die Preisberechnung),

▶ Versand von Produkten (z. B. Lieferbedingungen),

▶ Fakturierung (z. B. Zahlungsbedingungen).

Abbildung 2.14: Account – Vertriebsbereichsdaten

Identifikationsnummern

Um Kunden mit Daten aus anderen Systemen (z. B. SAP ERP) oder auch mit global verfügbaren Listen oder Merkmalen verknüpfen zu können, steht eine Liste mit Nummern zur Verfügung, die am Geschäftspartner hinterlegt werden können. Je nach Typ dieser Identifikationsnummer kann eine Prüfung auf Korrektheit der Nummer hinterlegt werden (siehe Abbildung 2.15).

Beispiele für Identifikationsnummern sind:

▶ DUNS-Nummer (Data Universal Numbering System, zur einfachen Identifikation von Unternehmen, herausgegeben von der Firma Dun & Bradstreet),

- ▶ Handelsregisternummer,
- ▶ externe System-ID,
- ▶ KFZ-Kennzeichen.

Aktionen	ID-Art	ID-Typbezeichnung	ID-Nummer	Eingabedatum	La...	Land
▾ Identifikationsnummern	Neu Liste bearbeiten					
Einfügen						
▨ 🗑	BUP002	Handelsregisternu...	1223454457	16.08.2017	DI	Deutschland
▨ 🗑	CRM001	External System I...	XY-4847487	01.01.2014	DI	Deutschland
▨ 🗑						

Abbildung 2.15: Account – Identifikationsnummern

Bank und Steuerdaten

Bankverbindungen, Zahlungskarten (Bank- oder Kreditkarten), Steuerklassifikationen (wie ist ein Kunde zu besteuern) und Steuernummern werden in diesem Zuordnungsblock eingetragen. Diese Daten lassen sich, wie die ID-Nummer, auf Gültigkeit prüfen.

Für jedes Land kann es, je nach Organisation des lokalen Steuersystems, mehrere Steuernummern geben (Abbildung 2.16).

Abbildung 2.16: Account – Bank und Steuerdaten

Account-Klassifikation

Mithilfe dieser Klassifikation können Accounts nach frei definierbaren Werten eingestuft werden.

Das in Abbildung 2.17 dargestellte Beispiel erlaubt eine Einteilung der Accounts basierend auf der Verkaufsorganisation, die den Kunden betreut. So ist der Account in Deutschland als *Händler* klassifiziert, in Österreich dagegen als *Wettbewerber*. Diese Klassifikation kann sehr flexibel den eigenen Wünschen gemäß angepasst werden.

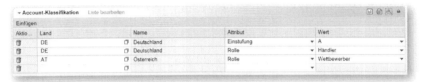

Abbildung 2.17: Account – Klassifikation

Marketingattribute

Die Marketingattribute sind eine weitere einfache Möglichkeit, um für Geschäftspartner zusätzliche Eigenschaften/Merkmale zu speichern. Diese sind frei definierbar und können später in Suchen und Segmentierungen benutzt werden. Meist finden Attribute im Bereich des Marketings Anwendung, sind aber nicht darauf beschränkt.

Die Attribute können für Organisationen, Personen und Gruppen definiert werden.

Abbildung 2.18 zeigt eine Klassifizierung des Kunden bezüglich der Kriterien *Anzahl Mitarbeiter, Jahresumsatz* und *Quelle*.

Abbildung 2.18: Marketingattribute zum Account

Notizen/Anhänge

Zu jedem Geschäftspartner können Sie, wie in Abbildung 2.19 dargestellt, beliebige Dokumente und Notizen erfassen.

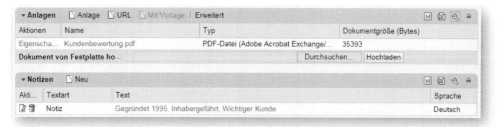

Abbildung 2.19: Account – Anlagen und Notizen

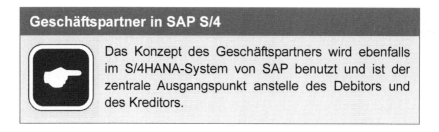

Geschäftspartner in SAP S/4

Das Konzept des Geschäftspartners wird ebenfalls
im S/4HANA-System von SAP benutzt und ist der
zentrale Ausgangspunkt anstelle des Debitors und
des Kreditors.

2.3.2 Produkte

Produkte sind Waren/Güter, um die es in den Geschäftsaktivitäten der
eigenen Firma geht. Diese Produkte können sowohl konkret greifbare
Waren sein, z. B. ein Notebook (siehe Beispiel in Abbildung 2.20). Es
kann sich aber auch um immaterielle Dinge handeln, wie z. B. Dienstleistungen.

In der Benutzeroberfläche wird die Produktpflege über den Navigationseintrag ACCOUNTS & PRODUKTE (Benutzerrolle SERVICEPRO)
oder aber über die GRUNDFUNKTIONEN in der Rolle SALESPRO erreicht (Abbildung 2.5). Damit öffnet man die in Abbildung 2.21 (SER-
VICEPRO) bzw. Abbildung 2.22 (SALESPRO) gezeigten Arbeitsbereiche.

Abbildung 2.20: Produktübersicht

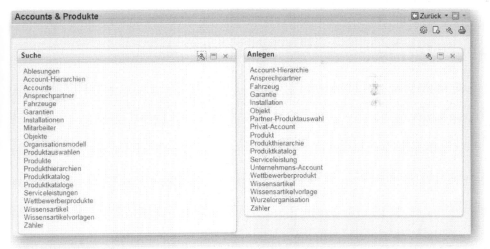

Abbildung 2.21: Accounts & Produkte (SERVICEPRO)

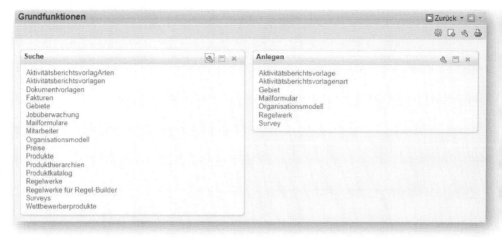

Abbildung 2.22: Grundfunktionen

Generell unterscheidet das SAP-CRM-System zwischen den Produkttypen

▶ Material,

▶ Dienstleistungen,

▶ Garantien,

▶ Finanzierung.

Produkt: Details

In diesen Details werden die wichtigsten Daten des Produkts erfasst. Diese sind:

▶ Produkt-ID,

▶ Kurzbeschreibung,

▶ aktueller Status des Produkts,

▶ die Basis-Mengeneinheit,

▶ die Basis-Kategorie,

▶ Positionstypengruppe,

▶ konfigurierbar.

Konfiguration

Produkte können fest definiert oder aber, im Bereich VERARBEI-TUNGSDATEN, als KONFIGURIERBAR eingestellt sein (vgl. Abbildung 2.20). Gibt es für ein Produkt eine Konfiguration, dann werden hierfür Varianten gepflegt. Diese Konfiguration wird über den *Internet Pricing and Configurator (IPC)* ausgewählt.

Produktmodelle

Damit diese Konfiguration erfolgen kann, muss zunächst ein Produktmodell mit allen möglichen Varianten und Optionen erstellt werden (siehe Abbildung 2.23, erreichbar über den Zuordnungsblock PRODUKTMODELL aus Abbildung 2.20).

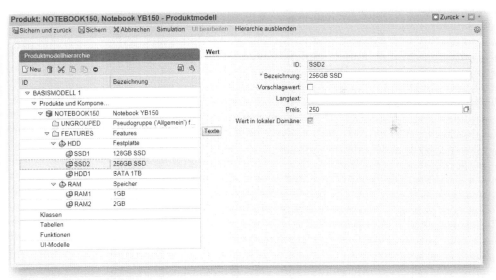

Abbildung 2.23: Produktmodell

Anlagen/Notizen

Wie bei allen CRM-Daten können zu einem Produkt Anlagen ange-hängt und Notizen hinterlegt werden.

Hierarchien/Kategorien

Produkte können in verschiedenen Hierarchien und Kategorien abge-legt werden. Diese Hierarchien sind frei definierbar und lassen sich in einer Baumstruktur anlegen. Die in einer bestimmten Kategorie der Hierarchie definierten Attribute sind auf die darunterliegenden Zweige des Baumes vererbbar und damit auf die dort zugewiesenen Produk-te. Diese Ausprägungen von Produkten lassen sich in sogenannten *Settypen* zusammenfassen.

Settypen

Ein Settyp enthält spezifische Daten, die zur Definition eines Produkts benötigt werden. In der Kategorienbeschreibung wird festgelegt, ob und welcher SETTYP dafür benutzt werden soll (siehe Abbildung 2.24).

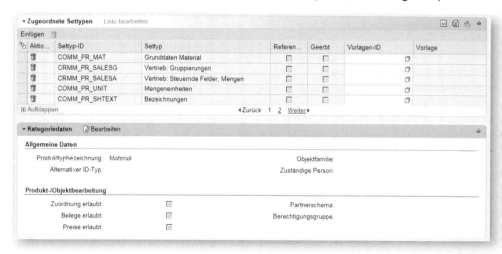

Abbildung 2.24 : Zuordnung der Settypen zu einer Kategorie

Je nach gewählten Kategorien und damit Settypen gibt es weitere Zuordnungsblöcke, die dynamisch am Produkt sichtbar sind:

Preise/Steuern

In den Zuordnungsblöcken STEUERN und PREISE werden die zur Berechnung des Gesamtpreises relevanten Daten hinterlegt. Abbildung 2.25 zeigt eine sehr einfache Preisgestaltung ohne Staffeln und weitere Besonderheiten.

Abbildung 2.25: Produkt – Preise und Steuern

In den genannten Ausprägungen werden Produkte insbesondere für Verkaufsprozesse benutzt. Im Service genügt es oft nicht, nur den Typ des Produkts zu kennen, sondern oftmals sollte genau das verkaufte Produkt mit einer bestimmten Ausstattung referenziert werden. Zudem können somit auch weitere Dienstleistungen (z. B. Wartungsverträge) angeboten und im System hinterlegt werden. Dabei sind die Begriffe *Objekt* und *Installation* wichtig:

Objekte

Ein Objekt ist von einem Produkt abgeleitet, aber eindeutig identifizierbar (meist über eine Seriennummer). Für das in Abbildung 2.20 gezeigte Produkt NT 1025 wäre dies zum Beispiel das Notebook mit der Seriennummer 123776, das an einen bestimmten Kunden verkauft wurde.

Installationen

Eine Installation beschreibt komplette Installationsstrukturen mit all ihren Komponenten. Diese Komponenten bestehen aus eindeutig zuzuordnenden Objekten. Eine beispielhafte Installation ist in Abbildung 2.26 abgebildet. Diese besteht aus mehreren Objekten (Server und Clients) mit weiteren Komponenten.

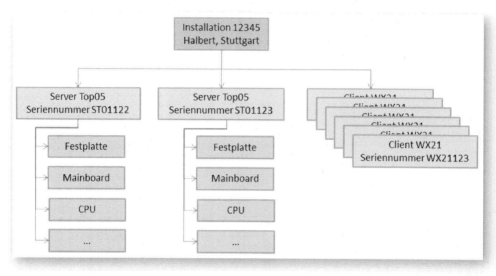

Abbildung 2.26: Installation

2.3.3 Organisationsmanagement

Mit dem Organisationsmanagement lässt sich im CRM die Organisationstruktur eines Unternehmens abbilden. Dieses Modell kann mehrere Ebenen darstellen: entweder aufgabenbezogen, funktional oder hierarchisch.

Dabei können Sie entweder die genaue Struktur des eigenen Unternehmens oder auch nur vereinfacht die Aufgaben von Unternehmensgruppen und deren Mitarbeitern abbilden.

Für die meisten CRM-Prozesse ist die Vertriebs- bzw. Servicestruktur wichtig, und daher wird oft eine einfache Struktur wie etwa in Abbildung 2.27 gewählt. Der Einstieg zur Pflege dieses Modells ist über den Navigationseintrag GRUNDFUNKTIONEN (Abbildung 2.22) und dem Eintrag ORGANISATIONSMODELL.

Abbildung 2.27: Einfaches Organisationsmodell

Über die Funktion der *Organisationsfindung* (siehe Organisationsdaten im Abschnitt 2.4.4) können Sie einzelne Vorgänge bestimmten Organisationseinheiten und Abteilungen zuordnen. So besteht die Möglichkeit, die Verantwortlichkeiten für diese Vorgänge zu definieren und später die Kosten und Erlöse den einzelnen Abteilungen zuzuordnen.

Die Organisationseinheiten können mithilfe von Untereinheiten, Planstellen und den momentan besetzenden Mitarbeitern weiter verfeinert werden. Diese Organisationsdarstellung ist zeitabhängig und kann auch für die Zukunft geplant werden. Organisationsmodelle lassen sich dynamisch verändern.

Direkt im Organisationsmodell können Sie die Verkaufs- und Service-organisation pflegen sowie Vertriebswege, Sparten, Verkaufsbüro und Verkaufsgruppe als Attribute im Organisationsmodell hinterlegen.

2.4 Bewegungsdaten

Im Gegensatz zu den dauerhaft gültigen Stammdaten gibt es auch sog. *Bewegungsdaten*. Das sind Daten, die in Verbindung zu einem oder mehreren Geschäftspartnern angelegt werden und nur für einen bestimmten Zeitpunkt gültig sind. Dennoch können sie zu Analyse- und Nachverfolgungszwecken für eine gewisse Zeit gespeichert werden.

Zu diesen Bewegungsdaten zählen:

▶ Aufgaben,

▶ Gesprächsnotizen,

▶ Leads,

▶ Opportunities,

▶ Verkaufsvorgänge,

▶ Servicevorgänge

▶ und viele weitere.

Im SAP-CRM-System werden Bewegungsdaten mit mehr oder weniger Details gespeichert. Die wichtigsten Verknüpfungen bestehen zu den Geschäftspartnern, die in jeder Transaktion in unterschiedlichen Funktionen auftreten können. Die Daten zu diesen Vorgängen werden hier in dem sogenannten *OneOrder-Prinzip* festgehalten. Das bedeutet, dass es für alles ein einheitliches Datenmodell gibt und je nach Vorgangstyp unterschiedlich viele Daten relevant sind.

2.4.1 Aktivitätsmanagement

Unter dem Begriff *Aktivitätsmanagement* versteht man das Verwalten aller möglichen Aktivitäten der eigenen Mitarbeiter. Dazu gehören zum einen interne Abklärungen, zum anderen aber auch alle Aktionen, die im Zusammenhang mit einem Kunden oder Interessenten stehen. So lässt sich innerhalb des eigenen Unternehmens transparent verfolgen, wann welche Interaktion mit den Kunden stattgefunden hat oder wann die nächsten Aktionen geplant sind. Für den Mitarbeiter selbst können diese Aktivitäten auch zur Selbstorganisation herangezogen werden.

Der Aktivitätsblock ist in der Benutzeroberfläche (Abbildung 2.3) unter dem Navigationseintrag AKTIVITÄTEN zu finden (Abbildung 2.28).

Abbildung 2.28: Übersichtsseite Aktivitäten

Aktivitäten können Sie jederzeit im System unabhängig oder auch als *Folgevorgänge* zu anderen Verkaufs- oder Servicevorgängen erstellen (siehe z. B. TERMIN in Abbildung 2.29). Üblicherweise sind bei diesen Aktivitäten die folgenden Daten relevant:

▶ Datum und Uhrzeit,

▶ Teilnehmer (interne Mitarbeiter und Ansprechpartner des Kunden),

▶ Kurzbeschreibung und weiterer Text,

▶ Verknüpfung zu bestehenden Objekten (z. B. Service Ticket, Verkaufsvorgang, Opportunity).

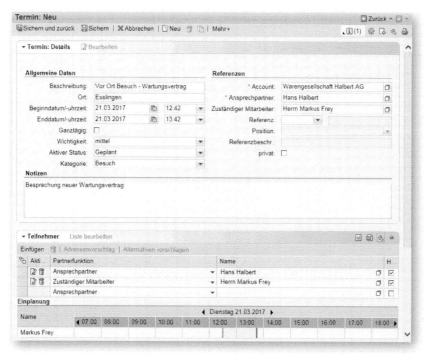

Abbildung 2.29: Detailangaben zur Aktivität »Termin«

Das System unterscheidet mehrere Arten von Aktivitäten und bietet zudem weitere hilfreiche Funktionen an, wie z. B.:

▶ **Aufgaben** beinhalten Daten, die beschreiben, dass ein Mitarbeiter bis zu einem bestimmten Termin etwas erledigen muss (Abbildung 2.30).

▶ **E-Mails** gehören ebenfalls zu den Aktivitäten, die Interaktionen zwischen Mitarbeitern und Kunden beschreiben. Das System erlaubt das direkte Versenden von E-Mails an Kontakte, wie in Abbildung 2.31 gezeigt wird.
Neben dem einfachen Versenden von Mails wird über eine *Groupware*-Verbindung auch ein Austausch mit dem eigenen Mailsystem ermöglicht. Dabei können nicht nur E-Mails aus der Groupware ins CRM kopiert, sondern auch Kontakte oder Aufgaben synchronisiert werden.

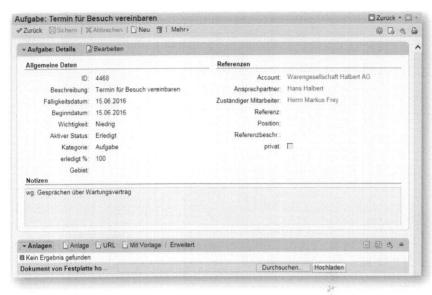

Abbildung 2.30: Aufgabe

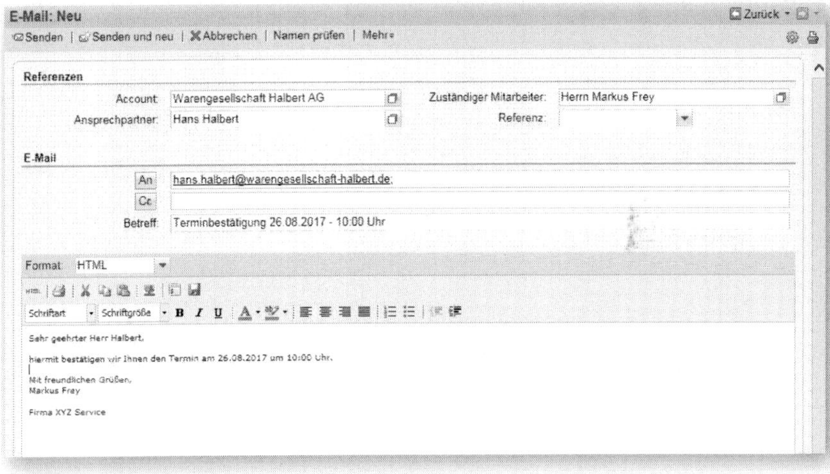

Abbildung 2.31: E-Mail-Editor

▶ *Kontaktberichte* können Ihnen dazu dienen, Informationen zu einem Kontakt (z. B. Telefonat, persönliches Treffen) abzulegen.

▶ Ein *Termin* ist eine Aktivität (Abbildung 2.29), die zu einem bestimmten Datum und einer konkreten Uhrzeit mit einem Geschäftspartner stattfindet bzw. stattgefunden hat.

2.4.2 Verkaufsvorgänge

Hierunter werden die Vorgänge zusammengefasst, die einen Kaufwunsch eines Kunden darstellen. Dieser Vorgang muss nicht zwangsläufig zum tatsächlichen Verkauf führen. Innerhalb des Verkaufs gibt es mehrere unterschiedliche Vorgangstypen, wie »Opportunity«, »Angebot« und »Verkauf«.

In der Benutzeroberfläche (Abbildung 2.3) erreichen Sie diese Funktionen über den Navigationseintrag VERKAUFSZYKLUS (Abbildung 2.32).

Abbildung 2.32: Übersichtsseite Verkaufszyklus

Opportunity Management

Mithilfe des Opportunity Managements werden Verkaufschancen erfasst und verfolgt (Abbildung 2.33). Als *Opportunity* bezeichnet man eine erkannte Möglichkeit, um Produkte bzw. Dienstleistungen zu verkaufen.

Neben der Verwaltung der Verkaufschancen bietet dieses Tool eine Vielzahl von Möglichkeiten, um den Vorverkaufsprozess zu steuern bzw. gemäß der eigenen Unternehmensphilosophie auszurichten.

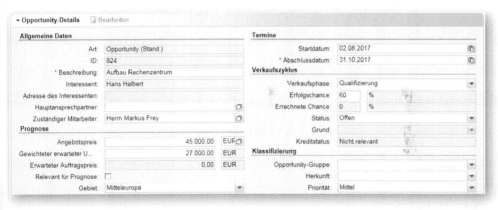

Abbildung 2.33: Opportunity

Angebote und Aufträge

Der wichtigste Verkaufsvorgang ist der Kundenauftrag, der den Verkauf selbst dokumentiert. In den meisten Anwendungsfällen gibt es ein Angebot als Vorgängerbeleg des Auftrages. Beide enthalten den Kunden, die gewünschten Produkte und die vereinbarten Preise.

Innerhalb des kompletten Verkaufsprozesses werden hierbei alle notwendigen Informationen festgehalten. Abbildung 2.34 zeigt ein Angebot mit den wichtigsten Informationen zum Kunden, Datum, Produkt und Preis.

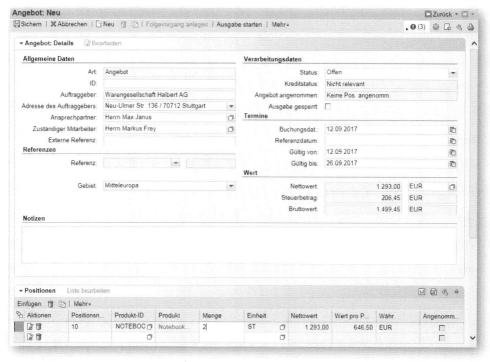

Abbildung 2.34: Angebot

2.4.3 Servicevorgänge

Der Bereich »Service« ist sehr vielfältig. Hierunter fallen sowohl der direkte Support nach einem Verkauf als auch das Geschäft mit Servicedienstleistungen.

Die kompletten Servicefunktionalitäten sind in der SERVICEPRO-Benutzerrolle über die Navigationseinträge EINSATZPLANUNG (Abbildung 2.35), SERVICEAUFTRÄGE (Abbildung 2.36), SERVICEVER-TRÄGE (Abbildung 2.37) und REKLAMATIONEN UND RETOUREN (Abbildung 2.38) zu erreichen.

Abbildung 2.35: Servicevorgänge – Einsatzplanung

Abbildung 2.36: Servicevorgänge – Serviceaufträge

Abbildung 2.37: Servicevorgänge – Serviceverträge

Abbildung 2.38: Servicevorgänge – Reklamationen und Retouren

Die wichtigsten Vorgangstypen im Service sind:

▶ *Reklamationen*
Dies sind von Kunden gemeldete Probleme zu einem gekauften Produkt. Lösungen des Problems könnten weitere Servicevorgänge (z. B. Reparatur, Retoure), Gutschriften oder Ersatzlieferungen sein.

▶ *Retouren*
Hier können Retouren des Kunden erfasst werden. Wie bei einer Reklamation kann als Folgevorgang ein Ersatz oder die Rückabwicklung des Kaufs stehen.

▶ *Serviceverträge*
Hierbei können mit dem Kunden bestimmte Serviceleistungen innerhalb eines konkreten Zeitraums festgelegt werden. Diese Verträge werden dann in die anderen Servicevorgänge eingebunden.

▶ *Garantien*
Mit einer Garantie für ein bestimmtes Produkt werden für einen gewissen Zeitraum eine Reparatur bzw. ein Austausch gewährt.

▶ *Serviceaufträge*
Mit Serviceaufträgen wird die Erbringung einer Serviceleistung und weiterer Ersatzteile mit dem Kunden dokumentiert.

▶ *Serviceangebote*
Ein Serviceangebot kann als Vorstufe für einen Serviceauftrag benutzt werden.

▶ *Servicerückmeldungen*
Werden Serviceleistungen von einem Techniker durchgeführt, dann wird über diesen Vorgang die Arbeit des Technikers dokumentiert.

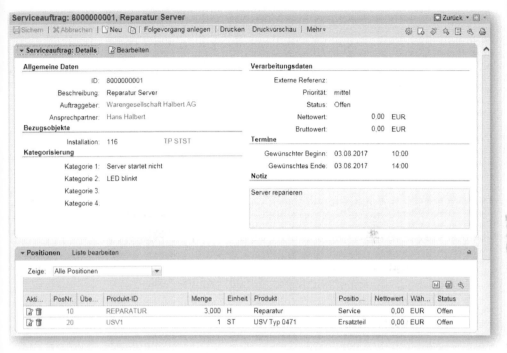

Abbildung 2.39: Serviceauftrag

In dem in Abbildung 2.39 dargestellten Serviceauftrag sieht man die wichtigsten Eigenschaften eines solchen Auftrages. Ein Servicevorgang ist meistens an ein bestimmtes vom Kunden erworbenes Produkt gebunden (in der Abbildung unter INSTALLATION). Zur besseren Fehleranalyse gibt es zumindest eine KATEGORISIERUNG. Die POSITIONEN können zudem neben reinen Verkaufsprodukten auch Servicepositionen enthalten (Spalte POSITIONSTYP).

2.4.4 Grundbestandteile aller Bewegungsdaten

Bei allen Vorgängen gibt es gemäß dem *OneOrder-Prinzip* Daten, die immer im CRM-System vorhanden sind. Innerhalb dieser Datensätze kann es aber Differenzierungen für die unterschiedlichen Vorgangstypen geben. Im Folgenden werde ich einige der am häufigsten verwendeten Objekte näher erläutern.

Partner

Unter dem Begriff *Partner* versteht man im Zusammenhang mit Vorgängen im CRM-System die involvierten Geschäftspartner und deren Typ (Rolle). Hier eine Auswahl der Partnertypen:

▶ Auftraggeber/Interessent,

▶ Warenempfänger/Rechnungsempfänger,

▶ Zuständiger Mitarbeiter,

▶ Vertriebsbeauftragter,

▶ Innendienst,

▶ Ansprechpartner,

▶ Lieferant,

▶ Genehmiger,

▶ Dienstleister,

▶ Partner.

Das System kann basierend auf allen verfügbaren Informationen (wie z. B. Vorgängerbelege, Kunde, aktueller Benutzer) automatisch Partner finden und am Beleg hinterlegen. Diese sogenannte *Partnerfindung* können Sie pro Partner definieren und ggf. selbst erweitern.

Des Weiteren legen Sie pro Partner fest, ob eine Partnerfunktion (z. B. Zuständiger Mitarbeiter) mehrfach vorkommen darf; es kann also eine minimale und eine maximale Anzahl vorgegeben werden.

Status

Jeder Vorgang besitzt ein Statusschema und damit einen aktuellen Status. Im System wird dieser für den Benutzer sichtbare Status auch als *Anwenderstatus* bezeichnet, da er vom Anwender gewählt wird.

Das Statusschema kann einfach oder auch beliebig komplex definiert werden. So können Aufgaben beispielsweise mit den Statuswerten *offen* und *erledigt* komplett beschrieben sein. Im Normalfall wird dies aber für Verkäufe, Verträge oder Reklamationen etwas detaillierter festgelegt.

Hierbei ist es möglich, nur einen aktiven Status zu nutzen (siehe Abbildung 2.40, zu erreichen über AKTIVITÄTEN • ANLEGEN • AUFGABE) oder auch einen »Status-Lebenszyklus« festzulegen.

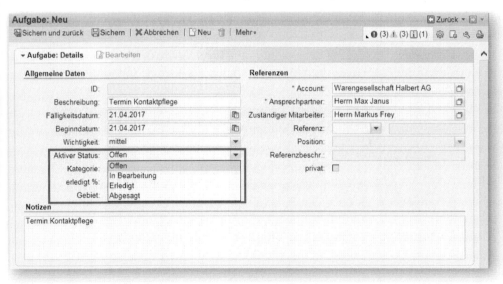

Abbildung 2.40: Einfacher Status einer Aufgabe

Datumsprofile

Die meisten Vorgänge im CRM werden auf bestimmte Datumsfelder zugreifen, um automatische Aktionen im System anzustoßen oder auch Prozessschritte zu dokumentieren. In einem Datumsprofil können Sie sowohl Zeiträume (von ... bis), fixe Zeitpunkte oder auch rein die benötigte Dauer (z. B. Anzahl Stunden) festlegen und mit einer gewissen Logik ausstatten (Abbildung 2.41).

▼ Termine	Liste bearbeiten			
Terminart		Datum	Uhrzeit	
Kundenwunsch Beginn		01.05.2017	11:27:31	
Kundenwunsch Ende		01.06.2017	11:27:31	
Arbeitsdauer Servicevorgang				
Erste Reaktion bis		02.05.2017	12:00	
Gesamtdauer Servicevorgang				
Zu erledigen bis		15.05.2017	× 00:00	
Abschlussdatum				

Abbildung 2.41: Termine aus dem Datumsprofil

Aufbauend auf den Datumseinträgen kann auch die Vereinbarung eines Servicetyps in einem sogenannten *SLA-Profil (Service Level Agreement)* benutzt werden, um automatisiert Ereignisse zu triggern.

SLA-Eskalation

Ein Kunde hat zusätzlich zu einem neuen Notebook ein Premium-Support-Paket erworben, das eine Problemlösung innerhalb von 48 Stunden verspricht. Sobald der Kunde sich nun mit einem Problem zu diesem Notebook meldet, werden dieser Servicefall und die darin definierte Antwortzeit (48 Std.) übernommen. Falls der Servicefall innerhalb einer definierten Zeit vor Ablauf der Frist noch nicht erfolgreich geschlossen ist, könnte er an eine spezielle Eskalationsgruppe weitergeleitet werden.

Organisationsdaten

In den Organisationsdaten wird festgelegt, welcher Bereich des Unternehmens für einen bestimmten Vorgang (z. B. Aufgabe, Verkauf, Servicefall) verantwortlich ist. Zum einen können damit die Erlöse oder Kosten zugeordnet werden. Zum anderen gibt dies eine genaue Übersicht, welcher Bereich an welchen Aufgaben arbeitet. Dabei ist eine Unterscheidung in Verkaufs- bzw. Serviceorganisation möglich. Weiterhin lässt sich differenzieren in:

▶ Vertriebs-/Serviceorganisation,

▶ verantwortliche Vertriebs-/Serviceorganisation,

▶ Sparte,

▶ Vertriebsweg,

▶ Verkaufsbüro,

▶ Verkaufsgruppe.

Abbildung 2.42 zeigt ein sehr einfaches Beispiel für Organisationsdaten. In diesem Fall ist die Aktivität für die Verkaufsorganisation *XYZ Deutschland* angelegt, und verantwortlich für diesen Vorgang ist der *XYZ Vertrieb*.

Abbildung 2.42: Organisationsdaten zum Vorgang

Umfragen/Fragebögen

Fragebögen können für festgelegte Gesprächsleitfäden (Frage und Antwort) in Callcenter-Szenarien benutzt werden. Oft dienen Umfragen auch als Kundenzufriedenheitsabfragen, die später ausgewertet werden.

Texte

Zur genaueren Beschreibung von Vorgängen lassen sich diverse Textarten zuweisen. Diese Texte (z. B. Problembeschreibung) können in mehreren Sprachen erfasst und ggf. mitprotokolliert werden.

Abbildung 2.43 zeigt einen einfachen Text, aber auch komplexer formatierte Texte (Abbildung 2.44) sind im CRM mittlerweile möglich.

Abbildung 2.43: Einfacher Text

Abbildung 2.44: Formatierter Text (Beispiel E-Mail)

Kategorisierung/Gründe

Die Kategorisierung für bestimmte Vorgänge kann einfach oder auch recht komplex aussehen.

Im einfachsten Fall nutzen Sie das sogenannte *Sachverhaltsprofil* (Englisch: Subject Profile), um Gründe für bestimmte Statuswerte anzugeben oder zur Auswahl zu stellen. In dem Beispiel aus Abbildung 2.45 wird der GRUND für das Nichtzustandekommen eines Verkaufs (im System als *verlorene* Opportunity dargestellt) erfragt.

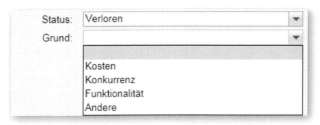

Abbildung 2.45: Grund für Status »Verloren«

Dasselbe Prinzip des Sachverhaltsprofils kann aber auch für komplexere mehrstufige, abhängige Kategorisierungen verwendet werden, wie etwa bei der Suche nach Fehlerursachen innerhalb von Servicevorgängen (Abbildung 2.46).

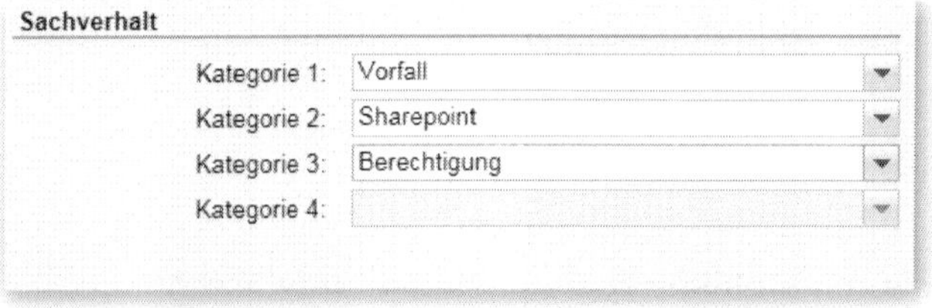

Abbildung 2.46: Sachverhalt für einen Fehlerfall

Preise/Konditionen

Vor allem in den Verkaufsvorgängen sind natürlich Preise und Konditionen notwendig. Diese Thematik an sich würde wahrscheinlich schon ein ganzes Buch füllen. Ich versuche trotzdem, es einfach zu erklären:

Zur Berechnung des Endpreises wird ein *Preisschema* benutzt. In diesem Preisschema wird definiert, welche einzelnen Berechnungsschritte nacheinander ausgeführt werden. Diese Schritte können Sie entweder fix (z. B. 19 % Umsatzsteuer) definieren oder auch manuell (z. B. manueller Rabatt) eintragen.

Das Preisschema kann auf Kopf- oder Positionsebene erstellt werden. Der Endpreis für den Kunden wird aber auf der Kopfebene dargestellt.

Preisfindung und Konditionen

Die Grundtechnik der Konditionen unterscheidet sich nicht groß von der im SAP ERP. Daher kann zur Vertiefung dieses Themas z. B. auch das Buch »Preisfindung und Konditionstechnik im SAP SD« von Ilona Bauer (Espresso Tutorials) herangezogen werden.

Änderungshistorie

Alle Modifikationen an »änderungsrelevanten« Feldern werden in einer Historie zusammengefasst. Diese Historie (dargestellt in Abbildung 2.47) umfasst den ALTEN und den NEUEN WERT des Feldes, den ändernden Benutzer sowie Datum und Uhrzeit der Feldänderung.

Feldname	Aktion	Neuer Wert	Alter Wert	Geändert von	Geändert ...	Geändert ...
Priorität einer Aktivität	Priorität einer Aktivität wur...	Niedrig	mittel	CRM_USER2	02.06.2016	12:52
Anwenderstatus	Anwenderstatus wur. erfasst	Noch nicht gestartet		CRM_USER	30.05.2016	09:38
Systemstatus	Systemstatus wur. erfasst	Offen		CRM_USER	30.05.2016	09:38
Systemstatus	Systemstatus wur. erfasst	Geplant		CRM_USER	30.05.2016	09:38

Abbildung 2.47: Änderungshistorie einer Aufgabe

Änderungsrelevante Felder

Nicht jedes Feld ist änderungsrelevant, und damit werden Änderungen nicht mitprotokolliert. Diese Eigenschaft wird am DATENELEMENT des Feldes festgelegt. Z. B. ist das Feld *Priorität einer Aufgabe* mit dem Datenelement *CRMT_PRIORITY* definiert, hier ist das Kennzeichen ÄNDERUNGSBELEG gesetzt, und damit werden diese Änderungen mitprotokolliert (siehe Abbildung 2.48).

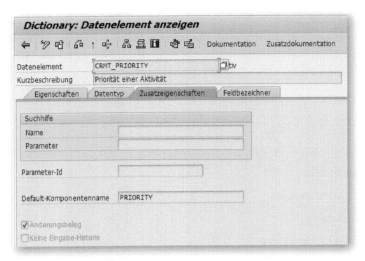

Abbildung 2.48: Änderungsbeleg Kennzeichen am Datenelement

Positionen

Die Verknüpfung von Vorgängen mit Produkten wird über *Positionen* (1:n-Beziehung) dargestellt. Jede einzelne Position kann ihrerseits fast alle gerade beschriebenen Elemente wie Status, Texte, Partner, Sachverhaltsprofil etc. enthalten. Dies wird in einem separaten Positions-Customizing (siehe Abschnitt 4.2.3) festgelegt. Für einfache Vorgänge (wie Aufgaben) sind Positionen nicht erforderlich, aber technisch ebenfalls möglich.

Ein normaler Verkaufsauftrag könnte wie in Abbildung 2.49 gezeigt aussehen.

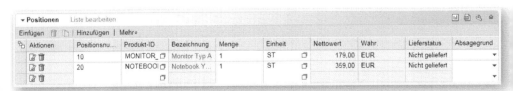

Abbildung 2.49: Positionsdaten in einem Auftrag

Wie im Abschnitt 2.4.3 schon erwähnt, können die Positionen bestimmte *Positionstypen* enthalten. Je nach Positionstyp sind andere
Verarbeitungen möglich. Ebenso können für Produkte auch nur bestimmte Positionstypen erlaubt sein.

Mögliche Positionstypen sind etwa:

▶ Verkaufsposition,

▶ Opportunity-Position,

▶ Reparatur,

▶ Servicematerial,

▶ Werkzeug,

▶ kostenloser Ersatz,

▶ Gutschrift.

3 Funktionen und Prozesse

Im nachfolgenden Kapitel werden wir uns beispielhaft an einigen Einsatzszenarien und Prozessen ansehen, wie diese mit den standardmäßig verfügbaren Funktionen umgesetzt werden können. Zudem werde ich auf weitere Funktionalitäten verweisen, die in diesem Zusammenhang interessant sein könnten.

3.1 Vertrieb mit Außendienst

Im ersten Beispiel betrachten wir den Vertriebsprozess eines Unternehmens, das seine Ware mithilfe von Vertriebsmitarbeitern an Kunden vertreibt. Dieser Prozess ist schematisch in Abbildung 3.1 dargestellt. Das CRM-System soll die Kundendaten verwalten und die Verkaufsdaten erfassen. Für spätere Auswertungen oder Marketingmaßnahmen soll zudem die Historie der Besuche, Angebote und Verkäufe gespeichert werden.

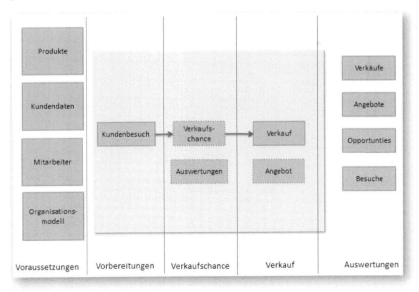

Abbildung 3.1: Beispielhafter Verkaufsprozess

In den nachfolgenden Abschnitten werden wir die einzelnen Schritte genauer betrachten und sehen, welche CRM-Funktionalitäten verwendet werden können.

3.1.1 Voraussetzungen

Damit dieser Prozess funktionieren kann, müssen die Stammdaten im System verfügbar und aktuell sein.

Kundendaten

Abbildung 3.2: Kundensicht mit Ansprechpartner

In unserem Beispiel geht es um ein B2B-Szenario, d. h., bei der Kundengruppe handelt es sich um Geschäftskunden, die als Firma mit zugehörigen Ansprechpartnern dargestellt sind. Die Firmen sind bereits mit Name und Adresse hinterlegt. Abbildung 3.2 zeigt diese Kundendaten im System. Dieser Ansatz kann natürlich ohne größeren Aufwand auch auf B2C-Kunden übertragen werden.

Es soll eine Unterscheidung zwischen bereits existierenden Kunden und Interessenten geben. Das wird über die Geschäftspartnerrolle (ROLLEN) gesteuert.

Um den Verkauf korrekt und flexibel darstellen zu können, wird für den Außendienst-Vertrieb der passende Vertriebsbereich angelegt und entsprechend ausgeprägt (Abbildung 3.3).

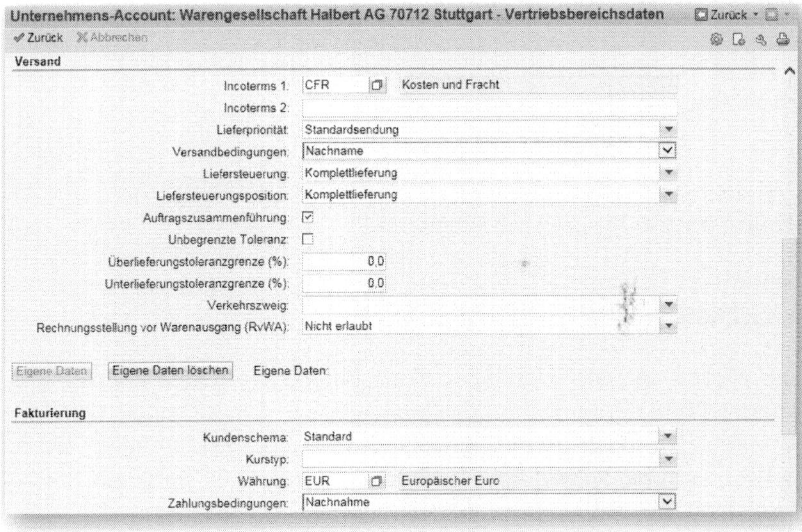

Abbildung 3.3: Vertriebsbereichsdaten am Kunden

Produkte

Die Produkte können als »Material« oder »Dienstleistungen« definiert sein. Zudem müssen sie für den Außendienst-Vertrieb freigegeben und mit PREISEN und STEUERN gepflegt sein, wie in Abbildung 3.4 zu sehen.

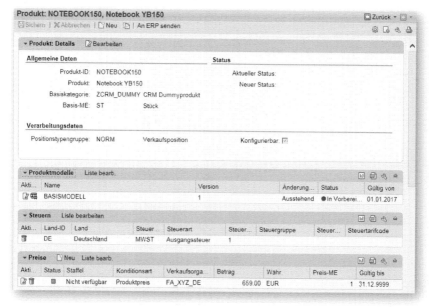

Abbildung 3.4: Produkt mit Preisen

Mitarbeiter

Die Mitarbeiter des eigenen Unternehmens werden als Geschäftspartner (Typ »Person«) im System gepflegt. Diese haben die Rolle MITARBEITER. In unserem Beispielszenario sind die Mitarbeiter einzelnen Kunden als *zuständiger Mitarbeiter* zugeordnet, dargestellt in der Abbildung 3.5 im Block BEZIEHUNGEN.

Organisationsmodell

Das Organisationsmodell muss ähnlich wie in Abschnitt 2.3.3 aufgebaut sein. Zudem müssen die Mitarbeiter des Vertriebs in der jeweiligen Position eingetragen sein (siehe Abbildung 3.6).

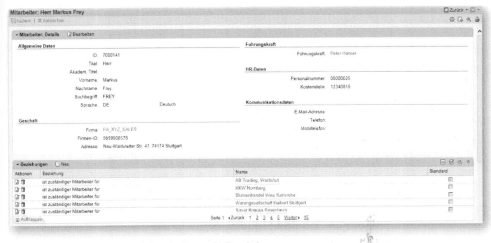

Abbildung 3.5: Mitarbeiter mit Beziehungen

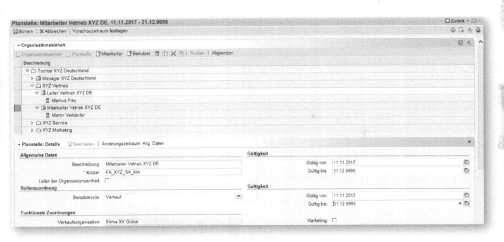

Abbildung 3.6: Organisationsmodell

Zusätzlich wird die Organisationsfindung basierend auf dem aktuellen Benutzer definiert. Das bedeutet, dass der Verkauf über den Mitarbeiter *Martin Verkäufer* automatisch dem Bereich XYZ VERTRIEB zugeordnet wird. Diese Organisationsfindung wird später in den einzelnen Vorgängen (Angebot, Verkaufschance, Auftrag, Besuch) verwendet.

69

3.1.2 Prozessschritt 1: Vorbereitung eines Verkaufs

Meistens sind die Mitarbeiter des Außendiensts direkt oder indirekt (über bestimmte *Gebiete*) den Kunden zugeordnet. Zur Vorbereitung eines Besuchs kann das *Informationsblatt* des Kunden als Gesprächsgrundlage herangezogen werden. Die Dokumentation des Gesprächs selbst sollte dann unbedingt auch im System erfolgen.

Gebietsmanagement

Der für diesen Kunden zuständige Verkäufer kann entweder manuell zugeordnet oder aber über das *Gebietsmanagement* ermittelt werden. Das Gebietsmanagement erlaubt es Ihnen, die Verkaufsgebiete in beliebige Kategorien zu unterteilen und in einer Gebietshierarchie zu organisieren, siehe Abbildung 3.7.

Die Gebiete können aufgrund von geografischen Regionen, Produkten, Key Accounts, eigenen Attributen oder auch durch Kombination dieser Attribute definiert werden.

Abbildung 3.7: Gebietsmanagement mit Regeln

Das Gebietsmanagement kann auch in den nachfolgenden Prozessschritten (z. B. Verkaufsauftrag) weiterverwendet werden. Das Ändern von Zuständigkeiten für gewisse Gebiete kann dynamisch erfolgen, es muss also keine explizite Zuordnung bei den Kunden erfolgen.

Informationsblatt

Zur Vorbereitung eines Kundenbesuchs oder auch allgemein zur schnellen Übersicht über die wichtigsten Kundendaten steht die Funktion des *Informationsblatts* zur Verfügung. In dieser Übersicht werden verschiedene Daten aus den wichtigsten angeschlossenen Systemen zusammengefasst. Ein Informationsblatt kann daher Daten aus verschiedenen Systemen wie CRM, ERP und BW anzeigen.

Zudem können Sie sich mehrere PDF-Varianten des Informationsblatts zusammenstellen. Hierbei muss allerdings auf die BW-Information verzichtet werden.

Kundenbesuch

Sobald der Mitarbeiter nun einen Kundentermin absolviert hat, wird ein *Kundenbesuch* angelegt. Das ist eine Aktivität, die protokolliert, dass ein Besuch stattgefunden hat.

Ein Kundenbesuch kann natürlich auch vorab geplant werden. Dazu muss der Termin nur in der Zukunft eingetragen werden. Typische Informationen zu einer Kundenbesuchsaktivität sollten sein (Abbildung 3.8):

▶ Datum und Uhrzeit,

▶ Kunde und Ansprechpartner beim Termin,

▶ kurze Zusammenfassung des Termins,

▶ Ergebnis.

71

Abbildung 3.8: Kundenbesuch

3.1.3 Prozessschritt 2: Erfassen von Verkaufschancen

In einem einfachen Verkaufsprozess ist es nicht unbedingt notwendig, Verkaufschancen zu erfassen. Dies kann jedoch für hochpreisige Produkte oder komplexe Verkaufs- und Angebotsszenarien hilfreich sein. Verkaufschancen werden im CRM als *Opportunities* dargestellt. In der Opportunity (vgl. Abbildung 2.33) kann aus einer Vielzahl von Optionen und Reports ausgewählt werden:

Verkaufszyklus

Der Verlauf einer Verkaufschance ist üblicherweise in definierte *Verkaufsphasen* unterteilt. Diese Phasen sind systemseitig in einem *Verkaufszyklus* festgehalten. Meistens sind diese Phasen:

1. Identifizieren der Verkaufschance,

2. Qualifikation,

3. Verhandlung.

Je nach Verkaufsphase sind unterschiedliche Aufgaben durch den Verkäufer zu erledigen.

Systemseitig können Sie festlegen, wie lange eine Opportunity jeweils in den einzelnen Phasen verbleiben sollte.

Meilensteine

Innerhalb einer Opportunity kann es bestimmte *Meilensteine* geben, die zu einem vorgegebenen Zeitpunkt erreicht werden sollten. Diese Meilensteine werden über das Datumsprofil abgebildet und könnten z. B. sein:

▶ Ausarbeitung der Lösung,

▶ Vorstellung des Angebots beim Kunden,

▶ Entscheidung des Kunden.

Produkte

Selbstverständlich darf in der Opportunity neben den Terminen der Bezug zu dem gewünschten Produkt des Interessenten nicht fehlen. Hier muss nicht von Beginn an das konkrete Produkt bekannt sein, dieses kann sich auch im Laufe des Vorverkaufsvorgangs erst herausstellen. Es ist daher möglich, das Produkt nur textuell zu beschreiben oder aber eine Produktkategorie einzutragen. Dabei können Sie entweder den erwarteten oder den aus der Preisfindung stammenden Preis notieren.

Prognose

Falls eine Opportunity einen gewissen »»Reifegrad«« erreicht hat, kann sie als RELEVANT FÜR PROGNOSE markiert werden. Damit sowie mit der manuell eingetragenen ERFOLGSCHANCE (in Prozent) kann dann eine *Prognose* im BI-System oder über den weiter unten beschriebenen Weg erfolgen (siehe *Pipeline Performance Management*).

Verkaufsassistent

Der *Verkaufsassistent* (siehe Abbildung 3.9) unterstützt den Verkäufer in den einzelnen Verkaufsphasen, indem ihm definierte Aktivitäten bzw. Hilfestellungen angeboten werden. Diese kann der Vertriebsmitarbeiter nutzen – muss er aber nicht.

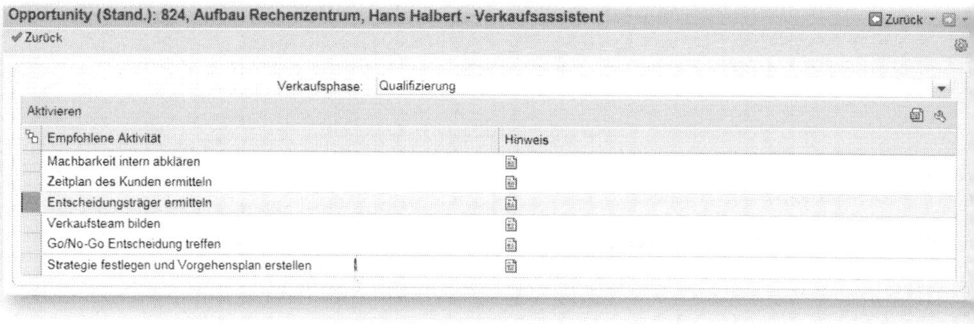

Abbildung 3.9: Opportunity – Verkaufsassistent

Projektorganisation

Bei komplexen *Projekten* ist es hilfreich, die auf Kundenseite agierenden Ansprechpartner zu erfassen und deren Position und Einfluss zu kennen. Dazu bietet das System die Möglichkeit, ein *Projektorganigramm* (Abbildung 3.10) aufzubauen und die Personen, deren Einfluss sowie die Beziehungen untereinander darzustellen.

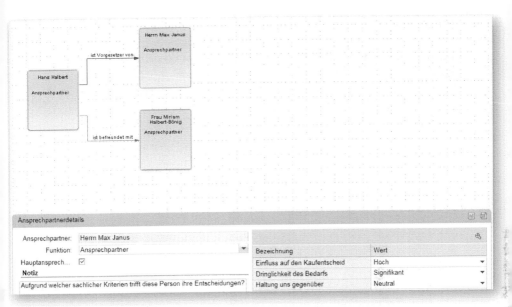

Abbildung 3.10: Projektorganigramm – grafische Darstellung

Wettbewerber

Für die Analyse einer Verkaufschance ist es erforderlich, die mitbietenden *Wettbewerber* zu kennen und (bezüglich der aktuellen Opportunity) genauer zu analysieren. Das können Sie auf Kopfebene oder speziell für jedes angebotene Produkt einrichten. In Abbildung 3.11 wurde ein Wettbewerber auf Kopfebene eingetragen.

Abbildung 3.11: Wettbewerber auf Opportunity-Kopfebene

Bewertungen

Für vordefinierte Opportunity-*Bewertungen* können Fragebögen definiert werden. Abbildung 3.12 zeigt beispielhaft den Fragebogen für eine *Go/NoGo-Entscheidung*. Sie können aber auch der Informationssammlung oder für eine automatisch errechnete Erfolgschance dienen.

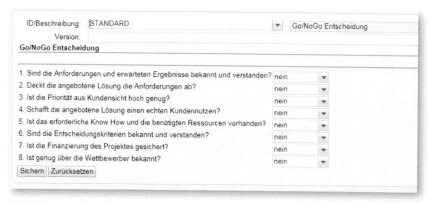

Abbildung 3.12: Fragebogen in einer Opportunity

Pipeline Performance Management

Die Funktion des *Pipeline Performance Managements (PPM)* bietet die Möglichkeit, Opportunities in Echtzeit grafisch auszuwerten und zu analysieren. Damit können Sie wertvolle Erkenntnisse für die Vertriebssteuerung gewinnen.

Das PPM bietet vordefinierte Auswertungen (interaktive Grafik und in Tabellenform), die alle auf den in den Opportunities erfassten Daten beruhen. Diese Reports können auf den erwarteten Umsatz, die Anzahl oder auch den Umsatz gewisser Produkte umgestellt werden.

Diese Berichte sind differenziert nach der Darstellungsart:

▶ *Abschlussdatum*
Diese Ansicht zeigt die Opportunities, sortiert nach Monat des erwarteten Abschlussdatums und der Verkaufsphase, verglichen mit den definierten Zielvorgaben (siehe Abbildung 3.13). Als Manager können Sie hier die Werte des eigenen Teams betrachten, während der einzelne Vertriebsmitarbeiter nur seine eigenen Werte und Ziele sieht.

▶ *Status der Zielerfüllung*
Diese Ansicht gibt den Umsatz aus, der bis zum aktuellen Datum erreicht wurde.

▶ *Sales Pipeline* (Verkaufs-Pipeline)
Dieser Report gibt den erwarteten Umsatz für jede Analyse-phase (verbunden mit Opportunity-Phase) aus und vergleicht diesen mit dem tatsächlich erzielten Umsatz.

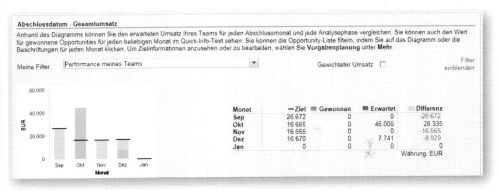

Abbildung 3.13: Pipeline-Report – Abschlussdatum

Vorgabenplanung

In der *Vorgabenplanung* können Zielwerte für den Umsatz definiert werden: Hier können Sie differenzieren zwischen gesamt oder produktbezogen sowie hinsichtlich der Verkaufsmenge bestimmter Mitarbeiter oder einzelner Verkaufsteams.

3.1.4 Prozessschritt 3: Verkauf – Angebot

Wenn das Kaufinteresse wächst und schließlich das richtige Produkt
für den Kunden gefunden ist, wird meist ein *Angebot* zum Kauf erstellt. Ein Angebot enthält die konkrete Menge des Produkts und den
dafür errechneten Preis. Darüber hinaus sind alle bei einem eventuel-
len Verkauf involvierten Personen (z. B. Kunde (AUFTRAGGEBER),
Verkäufer (ZUSTÄNDIGER MITARBEITER), ANSPRECHPARTNER) zu benen-
nen, wie in Abbildung 3.14 dargestellt:

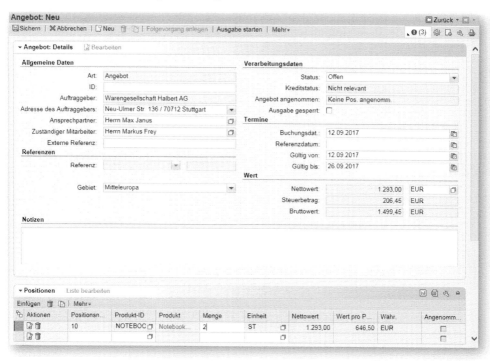

Abbildung 3.14: Verkaufsangebot

Gültigkeit

Das erstellte Angebot ist meistens nur innerhalb eines bestimmten
Zeitraums GÜLTIG VON … GÜLTIG BIS bindend. Die *Gültigkeit* kann
automatisch ermittelt werden.

Positionen eines Angebots

Die in Frage kommenden Produkte sind in den *Positionen* mit der gewünschten MENGE und dem gültigen Preis (Einzelpreis = WERT PRO POSITION und NETTOWERT) hinterlegt. Zudem können in den Positionen auch Alternativprodukte enthalten sein, welche dann aber nicht in den Gesamtpreis übernommen werden. Alternativprodukte könnten z. B. ein höherwertiges Produkt oder auch ein Produkt von einem anderen Hersteller sein.

Alternative Produkte

Fragt ein Kunde ein bestimmtes Notebook an, das eine lange Lieferzeit hat, dann könnte ein Angebot sowohl das gewünschte Produkt als auch ein Ersatz-Notebook mit entsprechender Konfiguration, welches sofort lieferbar ist, enthalten (*Cross Selling*). Ebenso kann es ein höherwertiges optionales Gerät ausweisen (*Up-Selling*). Im Gegensatz dazu könnte es natürlich auch ein *Down Selling* geben, also ein Anbieten einer billigeren Alternative.

Verfügbarkeitsprüfung

Im Rahmen einer Angebotserstellung ist es möglich, bereits eine *Verfügbarkeitsprüfung* durchzuführen. Diese kann (wie auch in einem Auftragsfall) schon Reservierungen im SAP APO (Advanced Planning and Optimization) erzeugen oder, auf Basis einer Simulation, den Bestand prüfen.

3.1.5 Prozessschritt 4: Verkauf – Auftrag

Möchte der Kunde nun die angebotenen Produkte oder Dienstleistungen bestellen, dann wird das im System mit einem Kundenauftrag abgebildet.

Der *Kundenauftrag* kann direkt oder als Folgevorgang einer Opportunity bzw. eines Angebotes angelegt werden. Bei der Anlage als Folgebeleg können Sie die Produkte aus dem Angebot bzw. der Opportunity direkt in die Auftragspositionen übernehmen (Abbildung 3.15, über den Button FOLGEVORGANG ANLEGEN):

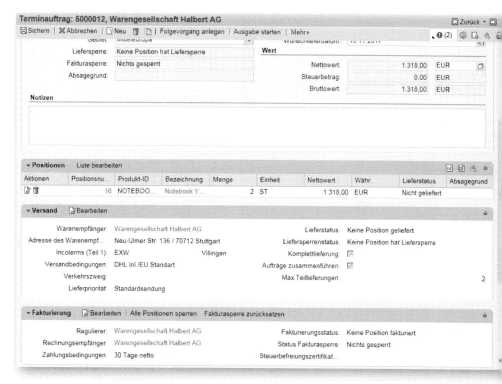

Abbildung 3.15: Verkaufsauftrag

Auftragspositionen

Der Auftrag enthält alle Produkte, die der Kunde zu kaufen wünscht. Zudem können weitere Positionen aus Produktvorschlägen verschiedenster Quellen übernommen werden, wie etwa:

▶ Produkte aus früheren Bestellungen,

▶ Listungen für den Kunden,

▶ Produkte aus Marketingkampagnen,

▶ Produkte aus Top-N-Listen,

▶ Cross-, Up- und Down-Selling-Produkte
  Up-Selling = teurere gleichwertige Produkte
  Down-Selling = billigere Produkte
  Cross-Selling = zusammenhängende Produkte,

▶ Zubehör.

Falls in den Positionen konfigurierbare Produkte enthalten sind, müssen diese über die Funktion PRODUKT KONFIGURIEREN (Abbildung 3.16) noch weiter spezifiziert werden.

Abbildung 3.16: Produkt konfigurieren

Prüfungen

Zu einem Auftrag können viele verschiedene Prüfungen angestoßen werden:

▶ Prüfung auf doppelte Bestellungen,

▶ Bonitätsprüfung,

▶ Kreditlimitprüfung,

▶ Listung/Partnerproduktauswahl,

▶ Verfügbarkeit.

81

Versandfunktionen

Aus der Kombination von *Verfügbarkeitsprüfung* und eingetragenem Wunschlieferdatum ermitteln Sie für jede Position die bestätigte Menge und das bestätigte Datum.

Für den Ablauf des Versands und der Lieferung(en) gibt es jede Menge weiterer Steuerkennzeichen, die im Customizing definiert werden können, dazu zählen:

▶ Versandart,

▶ max. Menge/Teillieferungen,

▶ Liefergruppen,

▶ Versandpackanweisungen,

▶ Handhabungskennzeichen,

▶ Qualitätsprüfungen vor dem Versand,

▶ Route/Frachtführer.

Zur Lieferung der gewünschten Produkte wird der Inhalt des Kundenauftrags meist an das angeschlossene ERP-System weitergereicht. Dort finden dann alle logistischen und abrechnungstechnischen Prozesse statt. Um im CRM-System trotzdem den aktuellen Stand der Belieferung mitverfolgen zu können, werden ERP-seitige Änderungen an diesem Auftrag auch wieder zurückrepliziert.

3.1.6   Auswertungen

Die einfachste Art, Daten auszuwerten, ist die Suche im CRM-System selbst. Die gefundenen Daten können dann einfach grafisch dargestellt werden (wie in Abbildung 6.16 gezeigt) oder auch nach MS Excel exportiert und dort weiterbearbeitet werden.

Für die Auswertung von Verkaufschancen gibt es das in Abschnitt 3.1.3 angesprochene Pipeline Performance Management.

Zudem stehen weitere Auswertungsoptionen zur Verfügung:

BI Content

Die in dem Prozess »Vertrieb mit Außendienst« erzeugten Daten können ohne größere Anpassungen direkt als vorgefertigter Content ins Business-Intelligence-System (SAP BI) übertragen werden.

Dort lassen sich diese CRM-Daten mit weiteren Informationen aus anderen Systemen zusammenführen und auswerten.

Interaktive Berichte

Das CRM-System bietet die Möglichkeit zur interaktiven Auswertung von Echtzeitdaten, die für Ad-hoc-Analysen geeignet sind. Diese interaktiven Berichte laufen auf dem CRM-System selbst – dafür ist allerdings ein eigener Mandant erforderlich.

Vornehmlich kommt diese Art der Berichte zum Einsatz, wenn im Unternehmen kein separates BI-System existiert und es zur Auswertung zudem keine zu verknüpfenden Daten gibt.

3.1.7 Weiterführende Funktionen

Neben den für diesen Beispielprozess notwendigen Funktionen gibt es noch viele weitere, von denen ich einige kurz erwähnen möchte:

Mitarbeiterzuordnung

Die Zuordnung von Mitarbeitern zu den verschiedenen Accounts kann basierend auf bestimmten Regeln erfolgen. Die Regeln dazu werden im *Regelmodellierer* erstellt.

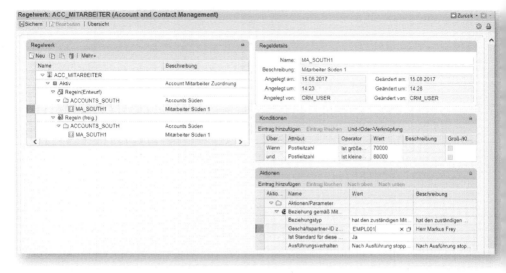

Abbildung 3.17: Regelmodellierer für Mitarbeiterzuordnung

Die Abbildung 3.17 zeigt einfache Regeln basierend auf der KONDITI-
ON *Postleitzahl* zwischen *70000* und *80000*, dann wird der MITARBEI-
TER *EMPL001* (Markus Frey) zugeordnet. Der Unterschied zu dem
weiter oben beschriebenen Gebietsmanagement ist, dass hier die
Beziehung explizit auf dem Kunden verändert wird (in diesem Fall ist
dies der ZUSTÄNDIGE MITARBEITER).

Listungen

Listungen können steuern, welche Produkte zu welchem Zeitpunkt und
in welchen Szenarien für welche Kunden zur Verfügung stehen. Dies
kann auf Produktebene, Produktgruppierungen oder auch auf frei definierbaren »Produktsammlungen« (Sortiment) angewandt werden. Auf
dieselbe Art können auch Produktausschlüsse eingetragen werden.

Produktkatalog

In einem *Produktkatalog* wird eine Gruppe von Produkten hierarchisch in sogenannte *Katalogbereiche* strukturiert.

Produktkataloge werden zur Produktdarstellung in einem Internet-shop oder dem Interaction Center verwendet.

Es kann mehrere Kataloge mit jeweils unterschiedlichen Gültigkeits-zeiträumen im System geben. Ein Produkt kann dabei mehrfach in verschiedenen Katalogen angeboten werden. Mit *Katalogvarianten* (z. B. Katalog auf Deutsch mit EUR oder auf Englisch mit USD als Währung) und *Katalogsichten* (kundenspezifische Sichten auf den Katalog) lässt sich der Katalog weiter verfeinern.

Kalender

Jeder Mitarbeiter verfügt im CRM-System über einen *Kalender* (Abbildung 3.18), in dem alle für ihn relevanten Aktivitäten erscheinen. Dieser kann für den Außendienstmitarbeiter als Übersicht über seine geplanten und erfolgten Kundenbesuche benutzt werden. Dieser Kalender ist auch für alle anderen Kollegen einsehbar – ausgenommen die explizit als privat markierten Aktivitäten.

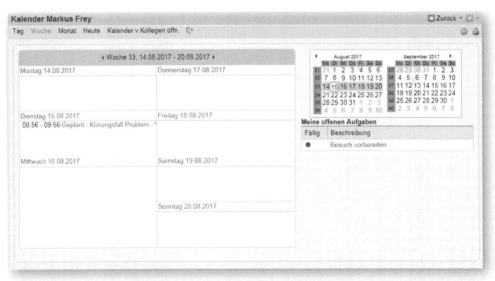

Abbildung 3.18: CRM-Kalender für einen Mitarbeiter

Provisionen

Das CRM-System kann *Provisionen* und andere Anreize für Verkäufe abbilden, indem für einzelne Mitarbeiter oder Gruppen Provisionsverträge für bestimmte Produkte und mit eigenen Berechnungsregeln hinterlegt werden. Die erzielten Provisionen lassen sich ebenfalls berechnen.

Genehmigungen von Angeboten

Für eine Freigabe von Angeboten können Sie mit einem Statusprofil arbeiten, das die Status »genehmigt« bzw. »abgelehnt« enthält, die von den berechtigten Mitarbeitern gesetzt werden. Zusätzlich kann diese einfache Entscheidungsaufgabe über *Workflows* unterstützt werden. Workflows sind Prozessabläufe, die im Besonderen für Genehmigungsszenarien ausgelegt sind (Abbildung 3.19).

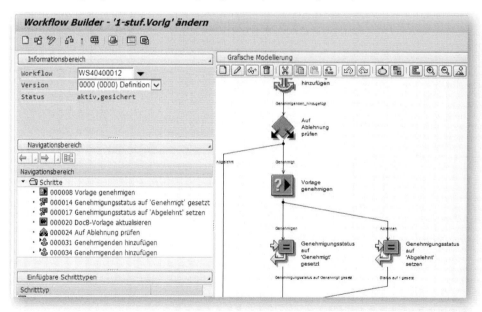

Abbildung 3.19: Beispielhafter Genehmigungsworkflow

Diese Workflows können in der Transaktion *SWDD* erstellt werden. Die aus dem Workflow entstehenden Aufgaben erscheinen anschließend in der WORKLIST des CRM-Systems. Auf Basis einer getroffenen Entscheidung wird dann der jeweilige Weg im Workflow fortgesetzt

Verkaufsverträge

Sie haben die Möglichkeit, neben den Kundenaufträgen auch *Verkaufsverträge* abzubilden. Diese werden für langfristige Vereinbarungen über Dienstleistungen oder andere Produkte abgeschlossen. Besonderheiten in diesem Zusammenhang sind existierende Laufzeitdaten und die Option der Abrechnung von einmaligen und wiederkehrenden Beträgen.

Die Abrechnung kann dann über *Fakturierungspläne* (periodisch oder basierend auf Meilensteinen) erfolgen.

Typisches Beispiel hierfür ist ein Telekommunikationsvertrag, der einen Mobilfunkvertrag über 24 Monate und ein verbilligtes Mobiltelefon enthält.

3.2 Service im Callcenter

In diesem Abschnitt betrachten wir nun einen beispielhaften Prozess von Servicevorgängen. Kunden nehmen über verschiedene Kanäle (Telefon, E-Mail) Kontakt zu Mitarbeitern auf, die diese Anfragen oder Reklamationen vermerken/protokollieren. Anschließend werden die Anfragen automatisiert oder manuell intern weiterbearbeitet. Der in Abbildung 3.20 dargestellte Prozess soll hier als einfache Grundlage dienen. Das Anliegen des Kunden wird über das *Interaction Center* als Serviceanfrage erfasst. Falls das Problem nicht sofort gelöst werden kann, wird ein Folgeprozess gestartet.

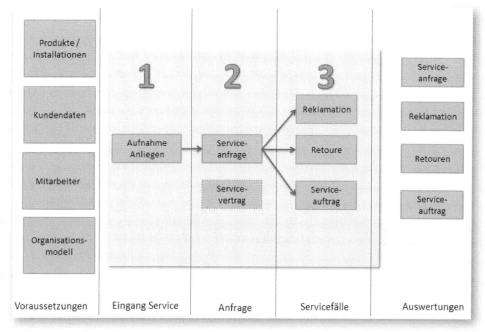

Abbildung 3.20: Beispielhafter Serviceprozess

3.2.1 Voraussetzungen

Zur Durchführung der einzelnen Schritte im Serviceprozess müssen einige Daten im System vorhanden sein. Die Kundendaten, Mitarbeiter, Produkte und das Organisationsmodell unterscheiden sich prinzipiell nicht großartig von dem vorgenannten Beispiel des Vertriebsprozesses. Die Mitarbeiter der Serviceorganisation sind allerdings im Servicezweig der Firma untergebracht.

Zusätzlich können Installationen für den Kunden gepflegt sein (siehe Abschnitt 2.3.2), damit in den Anfragen direkt auf diese referenziert werden kann.

3.2.2 Prozessschritt 1: Eingang Service

Der Trigger für diesen Prozess ist eine Anfrage des Kunden. Dieser kann sich über verschiedene Kanäle bei der Serviceabteilung melden. Für Agenten und Manager eines Interaction bzw. Callcenters gibt es in SAP CRM eine speziell auf deren Bedürfnisse zugeschnittene Lösung (Abbildung 3.21). Hierbei werden die Kunden identifiziert und das Problem aufgenommen.

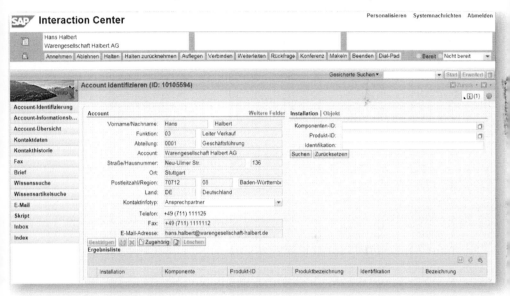

Abbildung 3.21: Interaction Center

Interaction Center

Diese Lösung unterstützt den Benutzer in eingehenden oder ausgehenden Vorgängen über verschiedene Kanäle hinweg. Mögliche Kanäle sind:

▶ Telefon,

▶ Fax,

► E-Mail,

► Chat.

Die Vorgänge dazu können aus dem Vertriebs-, Service- oder Marketingumfeld stammen. Als Arbeitsvorratsliste kann die *Inbox* des Interaction Centers dienen, die alle von einem Agenten zu bearbeitenden Vorgänge enthält. Um ein möglichst effizientes Bearbeiten der Telefonanrufe zu gewährleisten, ist das Interaction Center meist direkt an die Telefonanlage gekoppelt. Im Gegensatz zur »normalen« CRM-Benutzeroberfläche enthält das Interaction Center immer den Kontext zum aktuellen Kunden bzw. Produkt aus dem Telefonat bzw. der eingegangenen E-Mail. Dieser Kontext wird beim Anlegen von Vorgängen und der Suchen automatisch berücksichtigt.

Integrated Communication Interface

Damit das Interaction Center die im Unternehmen verfügbaren Kommunikationskanäle nutzen kann, gibt es das *Integrated Communication Interface*, kurz ICI.

Dieses Interface verbindet z. B. die Telefonanlage mit dem Interaction Center, um die Telefoniefunktionen direkt aus dem SAP-CRM-System heraus nutzen zu können.

Die Telefoniefunktionen sind zum Beispiel:

► Anzeige eingehender Anruf,

► (Vorab-)Suche des Anrufers mittels Telefonnummer oder weiterer CTI-Attribute der Telefonanlage (die Telefonanlage kann gewisse Daten automatisiert abfragen (z. B. Kundennummer) und diese dann an das CRM weitergeben),

► Übergabe an andere Agenten (mit dem aktuellen Arbeitskontext des Agenten),

► Halten, Annehmen, Auflegen etc.

3.2.3 Prozessschritt 2: Serviceanforderung

Für die Aufnahme einer Kundenanfrage wird meist ein Serviceticket bzw. eine *Serviceanforderung* benutzt (siehe Abbildung 3.22). Dieses enthält den Kundenbezug und die eventuell vorhandene Installationskomponente.

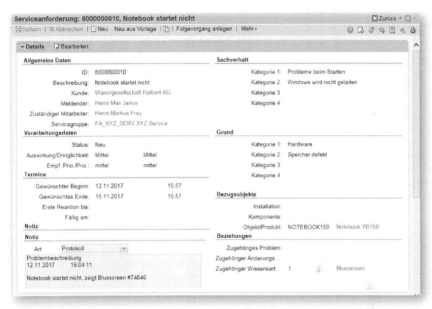

Abbildung 3.22: Serviceanforderung

Wichtige Daten bei der Ablage einer Anforderung sind die Problembeschreibung und eine eventuelle Fehlereingrenzung. Beides kann in Textform oder auch strukturiert in einer *Multi-Level-Kategorisierung* erfolgen. Diese Kategorisierung ist im Beispiel mit einer geführten Auswahl des SACHVERHALTS und des GRUNDS dargestellt.

Die Agenten können im Rahmen einer Lösungssuche wiederkehrend vorkommende Fragen zum Teil direkt beantworteten.

Lösungsdatenbank

Die *Lösungsdatenbank* ist ein Verzeichnis von Problemen und zugehörigen Lösungsoptionen, auf die in bestimmten Szenarien optimiert zugegriffen werden kann. Die Verwaltung dieser Datenbank kann zentral vorgenommen werden; hierbei sind Freitextbeschreibungen und weitere Attribute, die zur Auffindung von Daten hilfreich sind, festlegbar. Aus den Problem- und Lösungsbeschreibungen können auch *FAQs* (Frequently Asked Questions, »Häufig gestellte Fragen«) abgeleitet werden.

Diese Wissensdatenbank kann etwa bei der Bearbeitung eines Supportfalls benutzt werden, indem der passende *Wissensartikel* (wie in Abbildung 3.23), z. B. als E-Mail, an den Kunden geschickt wird.

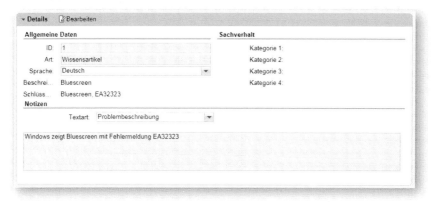

Abbildung 3.23: Wissensartikel

Serviceverträge

Falls zu der gewählten Installationskomponente ein gültiger *Servicevertrag* mit dem Kunden existiert, wird dieser in die Serviceanforderung übernommen. Serviceverträge sind Rahmenverträge mit Kunden, die für einen bestimmten Zeitraum die Erbringung von Servicedienstleistungen zu gewissen Konditionen und Terminen festlegen.

Einem Servicevertrag geht zumeist ein Angebot voraus, auf dessen Basis der Vertrag zustande kommt.

Zu jeder Position im Servicevertrag kann festgelegt werden, für welches Objekt (Installation) gilt, welche SLA-Zeiten, Ersatzteile und Preise relevant sind.

In den Verträgen kann auch eine mengen- bzw. wertmäßige Begrenzung enthalten sein. Der aktuelle Stand dieser Vereinbarung wird je Position in einer Abrufliste festgehalten.

3.2.4 Prozessschritt 3: Servicefall

Falls die Anfrage nicht direkt beim ersten Kontakt erledigt werden kann, muss diese in einem zweiten Arbeitsgang weiterverfolgt werden – zumeist eine Aufgabe des Second Level Support. Dies bedarf einiger Folgevorgänge zur ursprünglichen Serviceanfrage, wie nachfolgend aufgelistet:

Reklamationen und Retouren

Produkte oder Serviceleistungen, die nicht den Wünschen des Kunden entsprechen, können mittels einer *Reklamation* beanstandet werden. Diese Reklamationen können Sie im System mit und ohne Fakturabezug erstellen.

Einfache Rücksendungen werden hier als *Retouren* erfasst und bieten ähnliche Funktionalitäten wie Reklamationen.

Um zu verhindern, dass ungerechtfertigte Reklamationen bzw. Retouren entstehen, gibt es mehrere Prüfungen, die durchlaufen werden können:

► Produktprüfung: Darf das Produkt retourniert werden?

► Abgleich der Seriennummer,

► Mengenprüfung: prüft, ob der Kunde bereits mehr Produkte reklamiert hat, als er wirklich bezogen hat,

► Garantieprüfung (siehe folgender Abschnitt),

► Vertragsfindung.

Für Kunden, die Serviceverträge mit definierten *Service Level Agreements* (vgl. Abschnitt 2.4.4) haben, werden die darin festgelegten Termine automatisch in die Reklamation übernommen.

Als Folgevorgang zu einer Reklamation können dann Reparaturaufträge oder Gut- und Lastschriftvorgänge angestoßen werden.

Garantieabwicklungen

Garantien stellt ein Hersteller aus, um dem Kunden zuzusichern, dass das gekaute Produkt innerhalb eines gewissen Zeitraums fehlerfrei arbeitet. Falls ein Produkt während des Garantiezeitraums Probleme bereitet, kann dies über den Serviceprozess ebenfalls bearbeitet werden.

Garantien sind im System als Produkte angelegt, die anderen Produkten oder Installationen zugeordnet werden. Sie haben mindestens die folgenden beiden Attribute:

► Typ: Herstellergarantie/Lieferantengarantie,

► Bezug: zeitabhängig oder zählerstandabhängig.

Im Fall von Servicerückmeldungen zu einer Installation kann der Garantiebeginn automatisch mit dem Datum der Installation eingetragen werden.

Die Prüfung der Garantien findet beim Bearbeiten der Servicemeldung bzw. Reklamation im System statt.

Serviceaufträge

Ein Serviceauftrag ist für einmalige Serviceeinsätze und Ersatzteillieferungen an Kunden gedacht. Er enthält alle relevanten Details, um den Auftrag einzuplanen, auszuführen und am Ende korrekt abrechnen zu können.

Neben den Leistungsdaten aus den Positionen kann für einen Serviceauftrag aus weiteren Funktionalitäten gewählt werden:

▶ Findung von Serviceverträgen,

▶ Prüfen von Garantien,

▶ Preisfindung,

▶ Kostenverrechnung,

▶ Aufwandsverrechnung,

▶ Fakturierung,

▶ Erfassen von Zählerständen,

▶ Erfassen von Daten mittels Fragebögen.

Abbildung 3.24 zeigt einen einfachen Serviceauftrag mit einem Serviceprodukt und einem Ersatzteil.

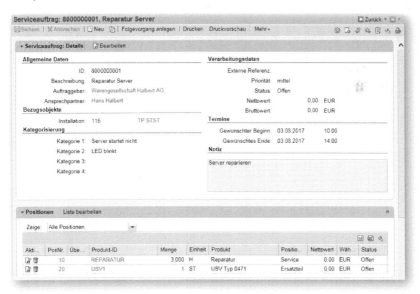

Abbildung 3.24: Serviceauftrag

3.2.5 Weiterführende Funktionen

E-Mail Response Management System

Mithilfe des *E-Mail Response Management Systems (ERMS)* können eingehende E-Mails automatisch bearbeitet und abgelegt werden.

Die automatisierte Bearbeitung und das Weiterleiten an bestimmte Gruppen stellen Sie über Regeln ein (siehe Abbildung 3.25). Dabei werden die Attribute und Texte der eingehenden E-Mails analysiert. Mithilfe dieser Regeln können dann automatisierte Antworten verschickt bzw. vor der manuellen Bearbeitung schon vorkategorisiert werden. Zusammengehörende E-Mails ordnet das System über Tracking-Bausteine direkt zu.

Zudem gehören weitere Tools wie Standardantworten, Eskalationsroutinen und ein Bounce-Prozess zum Funktionsumfang des ERMS.

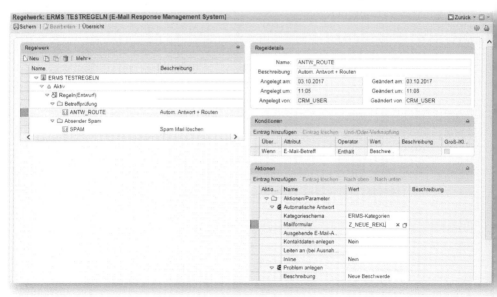

Abbildung 3.25: ERMS-Eingangsregeln

Servicepläne

Ein Serviceplan kann für bestimmte regelmäßige Serviceleistungen hilfreich sein. Inhalte sind:

▶ Art der Serviceleistungen,

▶ Serviceintervalle.

Servicepläne können unabhängig oder aber als Erweiterung eines Servicevertrags angelegt werden.

Kündigungen/Verlängerungen

Mit der Definition eines Kündigungsschemas legen Sie gewisse Regeln bei einer Vertragskündigung fest. Damit werden automatisch Termine oder Aktionen eingeplant.

Um Serviceverträge zu verlängern, kann das System automatische Serviceangebote zur Verlängerung verschicken und deren Rücklauf verarbeiten. Bei einem positiven Rücklauf wird der bestehende Vertrag verlängert oder ein neuer angelegt.

Rückmeldungen

Rückmeldungen zu Serviceeinsätzen werden verwendet, um geleistete Arbeitszeiten, verwendete Ersatzteile, Aufwände und Werkzeuge zu erfassen. In diesem Vorgangstyp gibt es folgende Besonderheiten:

▶ Aktualisieren von Installationen,

▶ Starten des Garantiebeginns,

▶ Erfassen von Zählerständen,

▶ Erfassen von Dokumenten,

▶ Drucken von Serviceberichten,

▶ Logistikfunktionen bei Ersatzteilverbrauch – Entnahme aus einem bestandsgeführten Lager.

Einsatzplanung

Mithilfe der *Serviceeinsatzplanung* werden Einsätze zu bestimmten Ressourcen zugeordnet. Die einzusetzenden Mitarbeiter können als Ressourcen mit Attributen wie Verfügbarkeit und Kenntnissen hinterlegt werden. Dies kann sowohl für interne als auch für externe Mitarbeiter benutzt werden.

Die Einsatzplanung kann manuell durchgeführt werden, oder aber Einstufungslisten (gemäß den oben genannten Attributen) können helfen, diese Planung zu vereinfachen.

3.3 Marketingaktivitäten

Die im System vorhandenen Stammdaten und die in den Verkaufs- oder Serviceprozessen gesammelten Daten können nun in Marketingaktivitäten (siehe Abbildung 3.26) verwendet werden.

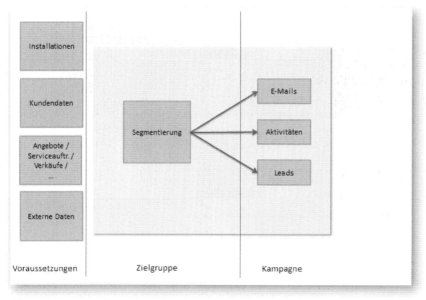

Abbildung 3.26: Beispielhafter Marketingprozess

Ziel in unserem Beispielprozess ist, eine einfache E-Mail-Kampagne aus dem System zu generieren. Zunächst wird die Zielgruppe über eine entsprechende Segmentierung ausgewählt. Mit der Ausführung einer Kampagne für diese Zielgruppe können E-Mails versendet oder auch Aktivitäten bzw. Leads erzeugt werden.

3.3.1 Voraussetzungen

Wie gerade beschrieben, baut das Marketing im CRM-System auf den vorhandenen Daten auf. Es wird versucht, mit den generierten Vorgängen und Stammdaten eine relevante Zielgruppe zu bilden.

Um die Kunden oder Interessenten über das Marketing ansprechen zu können, müssen in den meisten Ländern bestimmte Regeln eingehalten werden.

Marketing-Einwilligungen

Oftmals sind Firmen durch gesetzliche Regelungen dazu gezwungen, Informationen über die Einwilligung zu Marketingmaßnahmen bereitzuhalten und ständig zu aktualisieren. Dazu dient die Funktionalität der Marketing-Einwilligung. Abbildung 3.27 zeigt eine beispielhafte EINWILLIGUNG: Der Kunde darf per *E-Mail* kontaktiert werden (*Opt-in*), aber nicht per *Telefon* (*Opt-out*).

Abbildung 3.27: Marketing-Einwilligungen

External List Management (ELM)

Neben den im System verfügbaren Daten kann es für eine Marketingaktivität auch hilfreich oder notwendig sein, weitere Daten zu verwenden. ELM bietet viele Funktionen, um *externe Listen* außerhalb des CRM-Systems zu verwalten und ins System zu integrieren. Es eignet sich, um selbstbeschaffte Daten einmalig ins System zu laden oder auch gekaufte oder gemietete Datensätze innerhalb des Zeitraums der Bereitstellung zu nutzen.

Zur Validierung der Listen gibt es Optionen zur Dubletten- sowie zur postalischen Adressprüfung.

Das Format der Listen ist dabei frei und kann in *Mapping-Formaten* mit einfachen Zuweisungen oder Regeln definiert werden. Abbildung 3.28 zeigt ein Beispiel für eine Liste mit Änderungen am Ansprechpartner und das direkte Erstellen einer Zielgruppe.

Abbildung 3.28: Externe Liste als Zielgruppe

3.3.2 Prozessschritt 1: Zielgruppe

In der heutigen Zeit ist es notwendig, dass Kunden nicht großflächig angesprochen werden, sondern persönlich und bezugnehmend auf ihre Interessen. Dazu muss die große Menge an potenziellen Kunden über Marketing-relevante Attribute segmentiert werden.

Die Auswahl der anzusprechenden Kunden kann über alle möglichen im System verfügbaren Attribute erfolgen. Auf deren Basis wird zunächst eine *Profilgruppe* (Sammlung von Selektionskriterien, siehe Abbildung 3.29) erstellt. In der Kampagne selbst wird diese Profilgruppe in eine *Zielgruppe* umgewandelt. Eine Zielgruppe ist dann die Sammlung von Geschäftspartnern aus dem System, die zu diesem Zeitpunkt der Profilgruppe entsprechen.

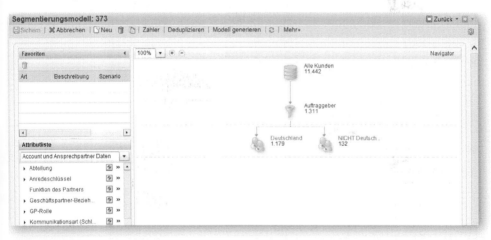

Abbildung 3.29: Segmentierung von Geschäftspartnern

3.3.3 Prozessschritt 2: Kampagne

Mittels Kampagnen können Sie zum einen eingehende Vorgänge zusammenfassen, zum anderen aber auch externe Marketingaktivitäten planen und ausführen.

Externe Kampagnen für definierte Zielgruppen können sein:

▶ E-Mail-Versand (Beispiel siehe Abbildung 3.30),

▶ Anlage von Aktivitäten,

▶ Anlage von Leads (siehe Abschnitt 3.3.4),

▶ Export der Kunden- und Ansprechpartnerdaten zur späteren Weiterverarbeitung,

▶ Serienbriefe.

Eine Kampagne kann in mehreren Schritten geplant, freigegeben und durchgeführt werden. Die Ausgabe der Kampagne kann zeitgesteuert erfolgen und auch automatisiert in gewissen Perioden wiederholt werden. Für jede einzelne Ausgabe der Kampagne müssen vorab die Templates (Vorlagen der Aktivitäten, E-Mail-Formulare) definiert werden.

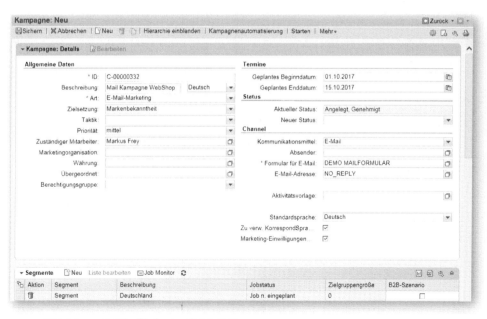

Abbildung 3.30: Einfache E-Mail-Kampagne

Mittels Regeln kann eine komplette Kampagnenautomatisierung in verschiedenen Schritten geplant werden:

▶ Versand von initialen E-Mails,

▶ Erinnerungsversand, falls keine Reaktion erfolgt ist,

▶ Erstellen von Leads bei positivem Feedback,

▶ Einbinden von Umfragen in den E-Mails.

Jeder einzelne Schritt lässt sich mithilfe des Systems überwachen und analysieren. *Bounces*, also Fehlermeldungen bei der Zustellung von E-Mails einer E-Mail-Kampagne, können direkt wieder verarbeitet werden und Aktionen im System triggern.

3.3.4 Lead Management

Leads sind typische Vorgänge, die an der Schnittstelle von Marketing und Vertrieb entstehen (Beispiel siehe Abbildung 3.31). Meist wird das potenzielle Interesse eines Kunden durch Marketingaktivitäten (Messen, Rückmeldungen zu Kampagnen, Segmentierung basierend auf Kundenverhalten) aufgedeckt und dann in Form eines Leads an den Vertrieb übergeben.

Sie können Leads entweder manuell erstellen oder automatisch anlegen lassen, z. B. als Aktion auf das Abschicken eines Kontaktformulars im Internet.

Mit dem Einsatz von Fragebögen und dem automatischen Bewerten der Antworten kann eine einfache *Qualifizierung* des Leads vorgenommen werden.

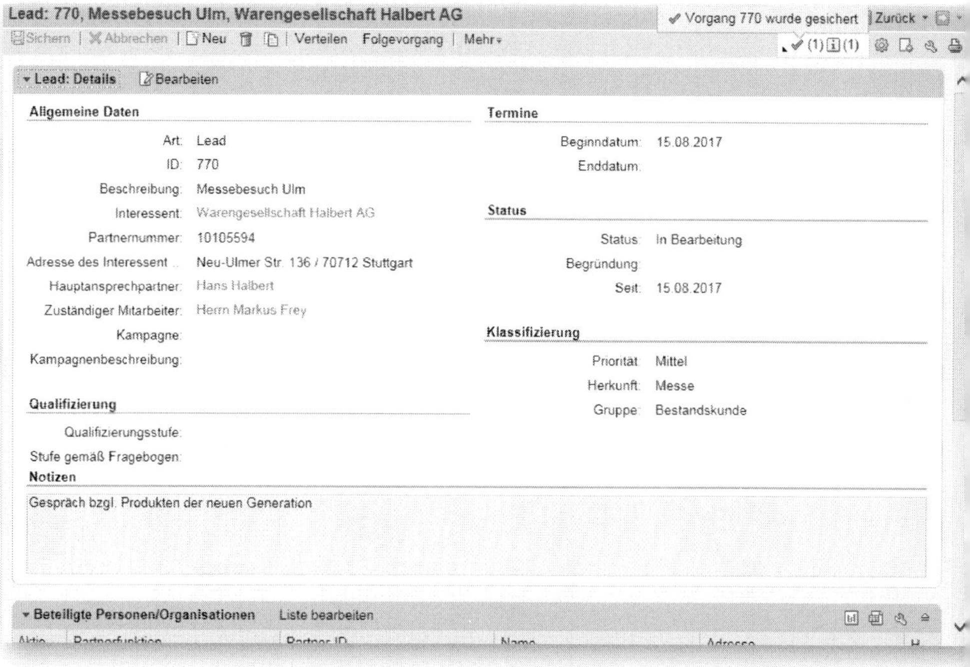

Abbildung 3.31: Messebesuch als Lead

3.3.5 Weiterführende Funktionen

Trade Promotion Management

Trade Promotions sind Marketingaktivitäten, mit denen man bestimmte Produkte im Markt positionieren und deren Marktanteil (und Umsatz) ausbauen will. Vornehmlich werden diese im Groß- und Einzelhandel eingesetzt.

Das Trade Promotion Management hat einen beachtlichen Umfang: So beginnt es mit der Planung und Budgetierung der Promotion, geht weiter mit der Auswahl der Kunden und Produkte und ermöglicht zudem eine komplette Preisfindung – inklusive Rabatten, Boni, Vorauszahlungen, Rückforderungen und Abschreibungen.

3.4 Weitere übergreifende Funktionen

Im Folgenden werde ich noch einige hilfreiche Funktionen erläutern, die nicht nur einem der beschriebenen Einsatzszenarien zuzuordnen sind.

Dublettenprüfung

Um zu verhindern, dass Geschäftspartner mehrmals angelegt werden, gibt es systemseitig eine *Dublettenprüfung,* für die der TREX-Server benutzt werden kann. Ebenso ist es möglich, weitere Nicht-SAP-Produkte in die Prüfung einzubinden. Die Prüfung wird beim Anlegen oder Ändern von Adressen ausgeführt (siehe Abbildung 3.32), und ab einem gewissen Schwellenwert werden die möglichen Dubletten angezeigt. Dafür werden die einzelnen Attribute nach definierten Kriterien verglichen und das Ergebnis als »Ähnlichkeitswert« in Prozent ausgegeben, wie in Abbildung 3.33 dargestellt.

Abbildung 3.32: Dublettenmeldung

Abbildung 3.33: Dublettenprüfung mit Ähnlichkeit

Datenbereinigung

Stellen Sie z. B. mittels der gerade beschriebenen Dublettenprüfung fest, dass es Duplikate gibt, dann können Sie diese mittels der *Datenbereinigung* zusammenführen. Hierbei lässt sich für verschiedene Szenarien festlegen, welche Daten aus welchen Geschäftspartnern benutzt werden sollen. Die Datenzusammenführung kann bei Einzelsätzen einer nach dem anderen manuell festgelegt werden (Abbildung 3.34) – bei Massendaten ist es aber auch möglich, sie im Hintergrund ablaufen zu lassen.

Abbildung 3.34: Dublettenbereinigung

Partner Channel Management

Um den indirekten Vertrieb bzw. Service über Partner zu unterstützen, bietet das System viele Funktionen an, die gebündelt unter dem Begriff *Partner Channel Management* zusammengefasst werden.

Die darunterfallenden Funktionalitäten lassen sich in folgende Gruppen unterteilen:

▶ **Partnermanagement**
Hierbei können die Partner definiert und analysiert werden. Es bietet eine komplette Sicht auf die Partner, deren Historie und aktuelle Verkäufe.

▶ **Marketingfunktionen**
Partner werden dabei unterstützt, vorrangig die Produkte des Unternehmens zu verkaufen. Dazu gehört auch die Erteilung von Werbekostenzuschüssen.

▶ **Verkaufsunterstützung**
Partner erhalten aus dem System hilfreiche und notwendige Informationen, um die Produkte zielgerichtet vertreiben zu können.

▶ **Service**
Auch Servicevorgänge können von Partnern übernommen werden. Sie erhalten hierfür alle notwendigen Informationen zu Serviceleistungen und Problemlösungen.

Groupware Integration

Die Groupware Integration dient dem bidirektionalen Austausch von Kunden, Ansprechpartnern, Terminen, Aufgaben und weiteren Daten zwischen einer Groupware im Unternehmen (z. B. Microsoft Outlook oder IBM Lotus Notes) und dem SAP-CRM-System.

So kann zwischen einer serverbasierten (Funktion arbeitet im Hintergrund auf einem separaten Server) und einer clientbasierten Lösung (wird auf der Client Groupware als Add-on installiert, siehe Abbildung 3.35 in der Variante für Microsoft Outlook) gewählt werden.

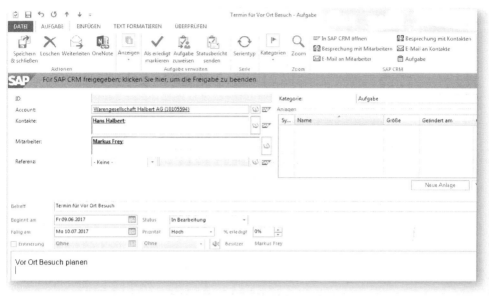

Abbildung 3.35: SAP CRM Outlook Add-on

Umfragen/Fragebögen

Fragebögen können für festgelegte Gesprächsleitfäden (Frage und Antwort) in Callcenter-Szenarien benutzt werden. Oft dienen Umfragen auch als Kundenzufriedenheitsabfragen, die später ausgewertet werden.

Aktivitätsplanung

Bestimmte Aktivitäten mit Geschäftspartnern sollten von Mitarbeitern regelmäßig und wiederkehrend verrichtet werden. Ein Beispiel hierfür könnten regelmäßige Besuche beim Kunden sein. Dabei kann das System mit einer automatisierten (aber natürlich änderbaren) Einplanung dieser Aktivitäten helfen (siehe Abbildung 3.36). Die betroffenen Kunden lassen sich mittels *Tourenplanung* (Aufteilen der Kunden nach bestimmten Kriterien) auswählen.

Abbildung 3.36: Aktivitätseinplanung

Webservice

SAP CRM bietet viele im Standard verfügbare Webservices, die zur Kommunikation mit anderen Applikationen genutzt werden können.

Zusätzlich zu den bereits existierenden Webservices können mithilfe des *Webservice Designers* weitere Funktionen zur Verfügung gestellt werden. In einfachen, dialoggeführten Schritten können diese neuen Webservices, wie in Abbildung 3.37 gezeigt, definiert werden.

Abbildung 3.37: Geführte Erstellung von Webservices

Mobile Oberfläche

Als Oberfläche des CRM-Systems dient meistens der CRM WebClient (vgl. Abschnitt 1.6). Zudem gibt es seit einiger Zeit die sogenannten *Fiori-Apps*. Diese Apps bieten jeweils einen klar abgegrenzten Funktionsumfang. Mittlerweile sind auch für das CRM vorgefertigte Lösungen verfügbar, die allesamt über die *Fiori Apps Library* vorgestellt werden:

https://fioriappslibrary.hana.ondemand.com/sap/fix/externalViewer.

4 Customizing des Systems

Um die Möglichkeiten des CRM-Systems zu nutzen und auf die eigenen Bedürfnisse einzustellen, müssen Sie die verfügbaren Funktionen grundlegend einstellen und entsprechend anpassen. Das erfolgt über den Einführungsleitfaden bzw. mittels *Customizing*.

Das Customizing wird über die Transaktion *SPRO* (siehe Abbildung 4.1) aufgerufen.

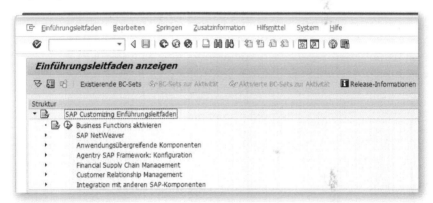

Abbildung 4.1: Einstieg ins Customizing SPRO

Dort bietet das System viele verschiedene Einstellungsoptionen an, die Sie über die Baumstruktur mit einem Klick auf ⊕ erreichen. Zu den meisten Einstellungen gibt es aussagekräftige Hilfetexte, die Sie über das Icon 🖹 aufrufen (Abbildung 4.2).

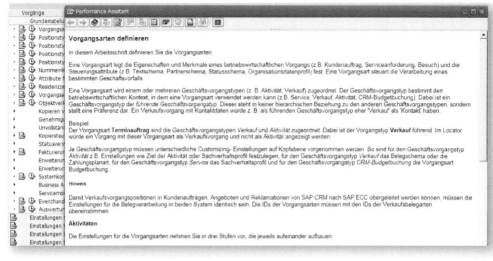

Abbildung 4.2: Beispielhilfetext

Die Struktur des Customizing-Baumes lässt sich grob unterteilen in:

▶ BUSINESS FUNCTIONS
Dies sind zuschaltbare Funktionen, die mit den verschiedenen Erweiterungspaketen ausgeliefert werden (siehe Abschnitt 4.6).

▶ NETWEAVER FUNKTIONEN
Hier können Sie u. a. Einstellungen für den SAP Gateway, Applikationsserver, UI-Technologien, länderspezifisches Customizing vornehmen.

▶ ANWENDUNGSÜBERGREIFENDE EINSTELLUNGEN
Dies betrifft einige Einstellungen, die von mehreren Anwendungen der Business Suite benutzt werden.

▶ CUSTOMER RELATIONSHIP MANAGEMENT
Hier sind alle Einstellungen zu finden, die nur für das CRM-System relevant sind (siehe Abbildung 4.3).

▶ INTEGRATION MIT ANDEREN KOMPONENTEN
Einstellungen für die Übertragung von Daten zwischen dem CRM und den klassischen SAP-Modulen wie z. B. BW.

Abbildung 4.3: Inhalte des CRM-Customizings

Oftmals lässt sich allerdings nicht genau spezifizieren, unter welchem Baumzweig eine bestimmte Konfiguration vorgenommen werden kann. Da hilft dann meist nur die Suche nach einem Schlüsselbegriff über ⌈Strg⌋ + ⌈F⌋ (siehe Abbildung 4.4 und die zugehörigen Ergebnisse in Abbildung 4.5).

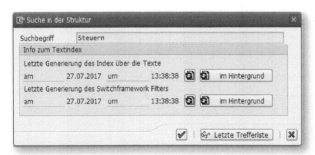

Abbildung 4.4: Suche im Customizing

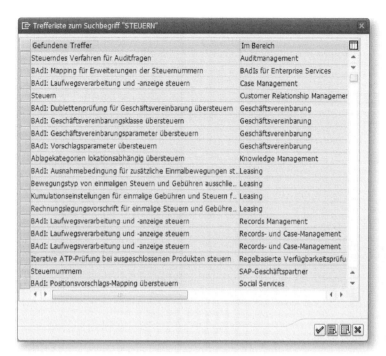

Abbildung 4.5: Ergebnis der Suche im Customizing

In diesem Abschnitt werde ich Ihnen die wichtigsten Einstellungsmöglichkeiten für das CRM detaillierter erläutern. Daneben gibt es für viele Funktionalitäten auch noch weiterreichendes Customizing, auf das ich hier nicht weiter eingehen kann.

4.1 Stammdaten

Die Stammdaten zählen sowohl zu den anwendungsübergreifenden (ANWENDUNGSÜBERGREIFENDE FUNKTIONEN • SAP GESCHÄFTSPARTNER) als auch zu den CRM-spezifischen Einstellungen (CUSTOMER RELATIONSHIP MANAGEMENT • STAMMDATEN • GESCHÄFTSPARTNER), daher ist das Customizing auf beide Unterpunkte aufgeteilt – je nachdem, ob es sich um Daten handelt, die übertragen werden oder die nur im CRM existieren.

4.1.1 Geschäftspartner

Die wichtigsten Einstellungen für die Geschäftspartner sind:

▶ *Nummernkreis*
Für Geschäftspartner können, basierend auf der Geschäfts-partnergruppierung, verschiedene Nummernkreise verwendet werden.

▶ *Geschäftspartnerrolle*
Mit der Geschäftspartnerrolle wird die Funktion des Partners festgelegt. Dazu gibt es Logiken, die die Rollen gruppieren oder auch bestimmte Kombinationen von Rollen verhindern.

▶ *Identifikationsnummer*
Es können verschiedene Arten von Identifikationsnummern eingerichtet werden.

▶ *Steuernummer*
Hier ist es möglich, Steuernummerntypen zu definieren.

▶ *Steuerart/Steuergruppe*
Für eine Kombination aus Land (evtl. Region) und Steuerart kann die Steuergruppe auf Geschäftspartner- und Produkt-ebene definiert werden.

▶ *Geschäftspartnerbeziehung*
Die Beziehungsarten zwischen Geschäftspartnern legen fest, welcher Partner in welcher Beziehung zu anderen Partnern stehen kann.

▶ *Marketing-Einwilligung*
Hier können die Einwilligungsform, der Kommunikationskanal und allgemeine oder länderspezifische *Opt-in*-Arten festge-legt werden. Ein Opt-in ist die Einwilligung eines Geschäfts-partners, über einen definierten Weg (z. B. per E-Mail) Wer-bung bzw. Marketingmaterial zu erhalten. Ebenso kann hier ein explizites *Opt-out* (also das »Verbot« der Kontaktaufnah-me) festgehalten werden.

▶ *Vorlage*
Bei der Anlage von Geschäftspartnern können gewisse Da-ten vorbelegt werden; dies wird mithilfe einer Vorlage defi-niert.

4.1.2 Produkte

Wie schon bei den Geschäftspartnern, so ist das Customizing der Produkte sowohl im anwendungsübergreifenden als auch im CRM-spezifischen Bereich zu finden.

▶ *Nummernvergabe/ID*
Für die einzelnen Produkttypen können unterschiedliche Nummern (extern/intern) zugeordnet werden.

▶ *Vorlage*
Wie für den Geschäftspartner gibt es auch für Produkte Vorlagen, die beim Anlegen neuer Produkte benutzt werden können.

▶ *Verkaufsspezifische Einstellungen*
Hier können verkaufsrelevante Kategorien definiert werden, wie Produkt-, Bonus-, Provisions- oder Kontierungsgruppen.

▶ *Produktkatalog*
Ein Produktkatalog kann verschiedenen Katalogarten zugeordnet sein und diverse Katalogbereiche oder auch Varianten beinhalten.

▶ *Listung*
Für die Listung von Produkten können Attribute definiert werden, welche über Konditionen ausgewertet werden.

▶ *Partnerprodukt*
Für die Verwendung von Partnerprodukten und die Prüfung auf die Gültigkeit dieser Produkte gibt es einige Anpassungsmöglichkeiten.

▶ *Konditionen*
Mit diesen Einstellungen können für die Produkte die entsprechenden Konditionen, Zugriffsfolgen und Findungsschemas erstellt werden.

4.2 Vorgänge

Das Customizing der Vorgänge ist im Bereich CUSTOMER RELATION-SHIP MANAGEMENT der *SPRO* zu finden. Hier stehen allgemeingültige Einstellungen und Spezialoptionen für einzelne Vorgangstypen zur Verfügung (siehe Abbildung 4.6):

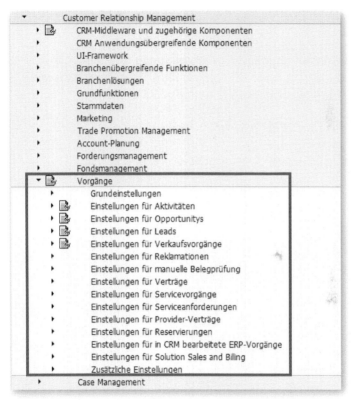

Abbildung 4.6: Customizing der Vorgänge

Vorgang Terminauftrag TA

Es gibt eine Vielzahl an Optionen, die ich nicht alle im Detail erläutern werde. Die wichtigsten Absprünge werden wir uns im Weiteren am Beispiel des Standard-Terminauftrages, also eines Verkaufsvorgangs mit Positionsdaten, anschauen.

Das Haupt-Customizing für eine Vorgangsart ist unter CUSTOMER RELATIONSHIP MANAGEMENT • VORGÄNGE • GRUNDEINSTELLUNGEN • VORGANGSARTEN DEFINIEREN zu finden (Abbildung 4.7).

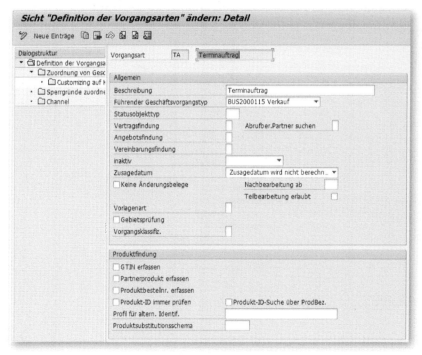

Abbildung 4.7: Customizing Vorgangsart

Dort werden alle elementaren Einstellungen definiert und die entsprechenden Einzelprofile zugeordnet. Zunächst betrachten wir die wichtigsten Optionen im obersten Bereich ALLGEMEIN:

▶ Kürzel der VORGANGSART: *TA*
Das ist der Schlüssel, unter dem Vorgänge dieses Typs in den Datenbanktabellen abgelegt werden.

▶ BESCHREIBUNG der Vorgangsart: *Terminauftrag*
Diese Beschreibung wird im UI statt des technischen Kürzels angezeigt. Sie sollte daher im System eindeutig sein.

▶ FÜHRENDER GESCHÄFTSVORGANGSTYP: *BUS2000115 Verkauf*
Über dieses Feld wird die Vorgangsart eingruppiert. Manche Funktionen im System sind nur für bestimmte Vorgangstypen vorgesehen. Die hier vorgestellte Vorgangsart *TA* gehört vorrangig zum führenden Vorgangstyp „Verkauf".

▶ Weitere Attribute
Die allgemeinen Attribute sind zum Teil speziell für den Vorgangstyp »Verkauf« (z. B. VERTRAGS-, ANGEBOTS- UND VEREINBARUNGSFINDUNG) und zum Teil global gültig (INAKTIV-Kennzeichen, GEBIETSPRÜFUNG, KEINE ÄNDERUNGSBELEGE etc.). Im Beispiel ist keine dieser Optionen ausgewählt.

Der Block darunter dient zur Spezifizierung der PRODUKTFINDUNG. Er enthält einige Optionen, über die Sie festlegen können, wie die Produkte im System erfasst und welche Prüfungen ausgeführt werden sollen. Neben der CRM-PRODUKT-ID lassen sich Produkte mittels GTIN (Global Trade Item Number), als PARTNERPRODUKT oder mit der PRODUKTBESTELLNUMMER eingeben. Ebenso kann hier direkt das Schema für eine PRODUKTSUBSTITUTION festgelegt werden.

Wenn Sie nun im Bildschirm weiter nach unten scrollen, gelangen Sie als Nächstes zum Bereich PROFILE. Hier werden die wichtigsten Einzelprofile definiert (siehe Abbildung 4.8, vgl. auch Abschnitt 2.4.4).

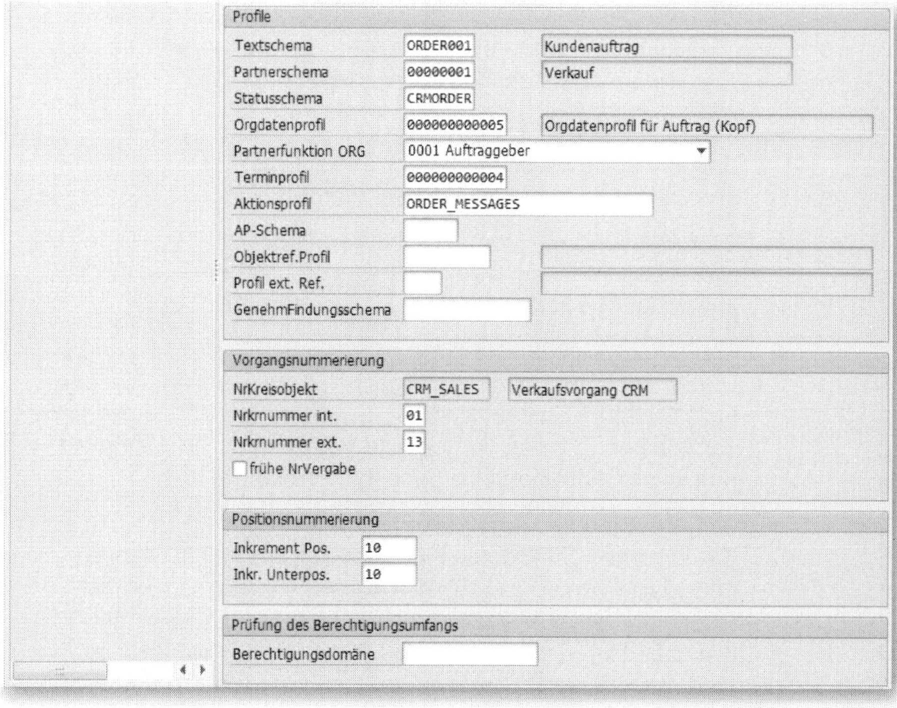

Abbildung 4.8: Customizing Vorgangsart 2

Das sind für den Vorgangstyp »Verkauf«:

▶ TEXTSCHEMA
Das Textschema definiert die auf dem Vorgang zur Verfügung stehenden Texttypen. Hier könnten z. B. besondere Kundenwünsche hinterlegt werden.

▶ PARTNERSCHEMA
Im Partnerschema werden die Partner und deren Findung festgelegt.

▶ STATUSSCHEMA
Das Statusschema legt die erreichbaren Status und deren Reihenfolge fest.

▶ ORGANISATIONSDATENPROFIL
Damit der richtige Vertriebsbereich aus dem Organisationsmodell ermittelt werden kann, muss ein Profil zur Findung
hinterlegt werden.

▶ PARTNERFUNKTON ORG
Hier kann man den Partner auswählen, auf dessen Basis die
Organisationsfindung gestartet werden sollte. Im Beispiel *TA*
ist das der *Auftraggeber*.

▶ TERMINPROFIL
Alle Termine und Zeitdauern werden in einem Terminprofil
zusammengefasst, wie zum Beispiel Bestelldatum, Wunschlieferdatum.

▶ AKTIONSPROFIL
Mit dem Aktionsprofil können automatisch ablaufende Aktionen definiert werden, z. B. eine Versandmail beim Erreichen
des Status »Erledigt«.

▶ AP-SCHEMA
Zur Findung von Aktionen kann es auch ein separates Akti-
onsfindungsprofil geben.

▶ OBJEKTREFERENZ PROFIL
In diesem Profil wird festgelegt, welche Objekte manuell dem
Kundenauftrag zugeordnet werden können.

▶ Profil für externe Referenzen (PROFIL EXT. REF.)
Externe Referenzen lassen sich in einem Profil definieren, jede Referenz besteht aus einer Referenzart und einer Zahlen-
folge.

▶ GENEHMIGUNGSFINDUNGSSCHEMA
Für manche Vorgänge gibt es Genehmigungsszenarien, die
in einem separaten Customizing definiert werden können.

Mit den Werten unter VORGANGSNUMMERIERUNG sowie POSITIONS-
NUMMERIERUNG werden der entsprechende Nummernkreis und die
daraus folgende Nummerierung eines Belegs und dessen Positions-
nummerierung definiert.

Zuordnung von Geschäftsvorgangstypen

Wie oben beschrieben, hat jede Vorgangsart einen führenden Geschäftsvorgangstyp. Daneben kann es aber auch weitere Vorgangstypen geben, die relevant für die Vorgangsart sind. Für unseren Beispielvorgang *TA* wird unter dem Menüpunkt ZUORDNUNG VON GESCHÄFTSVORGANGSTYPEN zum führenden Vorgangstyp *Verkauf* auch der Typ *Kontakt* definiert (siehe Abbildung 4.9). Das bedeutet, dass in diesem Terminauftrag neben den Verkaufsdaten auch Kontaktdaten erfasst werden können.

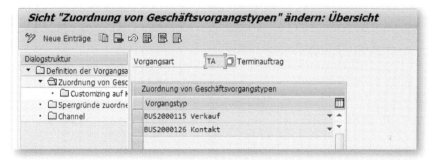

Abbildung 4.9: Zuordnung von Geschäftsvorgangstypen

Abbildung 4.10 zeigt die detaillierten Einstellungen zur Zuordnung des Terminauftrages *TA* zum Vorgangstyp *Verkauf*. Diese sind im Untermenüpunkt CUSTOMIZING AUF KOPFEBENE nach der Auswahl des Vorgangstyps (hier: Doppelklick auf *BUS2000115 Verkauf*) zu finden.

Da diese Vorgangsart auch zum Typ »Aktivität« gehört, gibt es in dieser Sicht ein weiteres CUSTOMIZING AUF KOPFEBENE (siehe Abbildung 4.11):

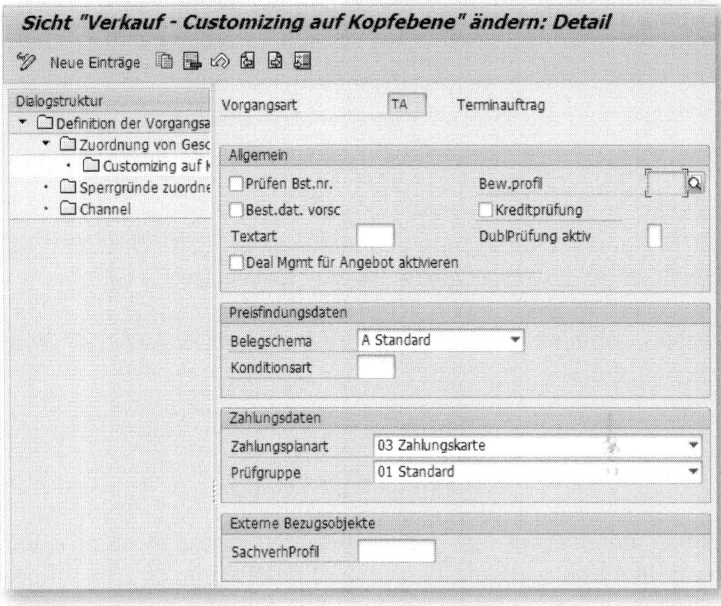

Abbildung 4.10: Zuordnung Terminauftrag zum Typ »Verkauf«

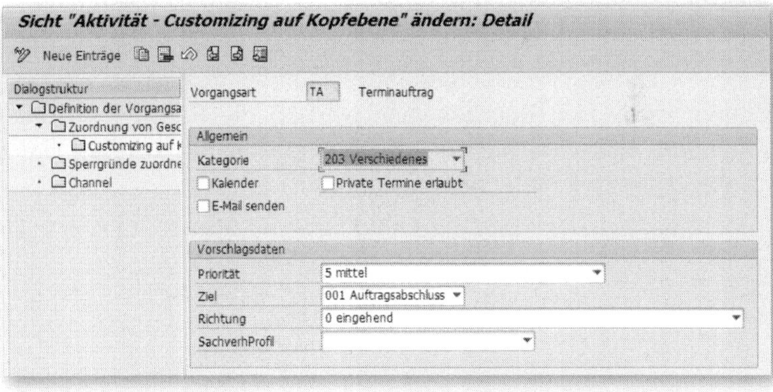

Abbildung 4.11: Customizing-Aktivität im Verkaufsvorgang

Sperrgründe zuordnen und Channel (Kanal)

Vorgänge können global gesperrt werden (über das oben angesprochene Kennzeichen INAKTIV) oder auch nur für bestimmte Kunden mit
einem konkreten Vorgangssperrgrund.

Ebenso kann im Bereich CHANNEL (Kanal) festgelegt werden, in welchem CRM-Kanal dieser Vorgang benutzt werden darf (WebClient UI,
Interaction Center, Externe Quelle, Internet Sales, Mobile Client).

Nachfolgend schauen wir uns noch die wichtigsten Unterschemas
zum Vorgangstyp »Verkauf« an.

4.2.1 Partnerschema

Das *Partnerschema* legt fest, welche Partnerfunktionen es in einem
Vorgang geben kann, wie oft diese vorkommen müssen bzw. dürfen
und wie die dazugehörenden Geschäftspartner gefunden werden. Im
Customizing *SPRO* ist dies unter dem Pfad CUSTOMER RELATIONSHIP
MANAGEMENT • GRUNDFUNKTIONEN • PARTNERVERARBEITUNG • PART-
NERSCHEMAS DEFINIEREN zu finden.

Abbildung 4.12 zeigt die für den Terminauftrag möglichen Partnerfunktionen. In diesem Beispiel kann es also die Partnerfunktionen
Auftraggeber, Warenempfänger, Rechnungsempfänger, Regulierer
und *Zuständiger Mitarbeiter* geben.

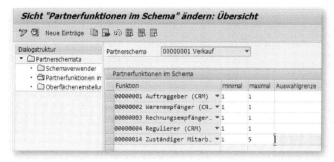

Abbildung 4.12: Partnerschema Verkauf

Die Details zu jeder Partnerfunktion (siehe Abbildung 4.13) sagen z. B. über den WARENEMPFÄNGER Folgendes aus:

▶ Der Partner ist änderbar.

▶ Es darf und muss ihn genau einmal geben.

▶ Die Adresse des Partners darf geändert werden.

▶ Er wird automatisch anhand des Vorgängerbelegs oder der Warenempfänger-Beziehung des Auftraggebers gefunden.

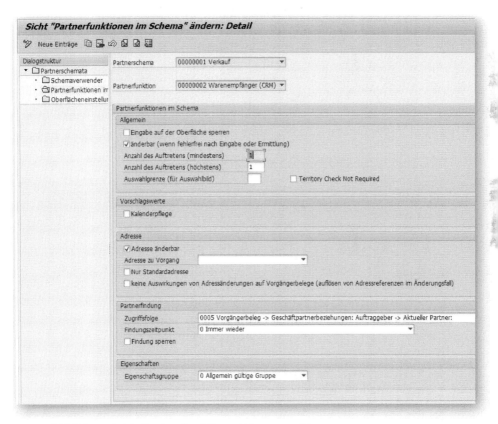

Abbildung 4.13: Partnerfunktion »Warenempfänger«

4.2.2 Statusschema

Das *Statusschema* definiert, welche Status ein Vorgang annehmen kann und welche zu welchem Zeitpunkt erlaubt sind (siehe Abbildung 4.14, Customizing unter CUSTOMER RELATIONSHIP MANAGEMENT • VORGÄNGE • GRUNDEINSTELLUNGEN • STATUSVERWALTUNG • STATUS- SCHEMA FÜR ANWENDERSTATUS DEFINIEREN).

Statusschema ändern: Anwenderstatus		
🔍 ⬜ 🗑 ✏️ Objekttypen		
Statusschema	CRMORDER Kundenauftrag	
Pflegesprache	DE Deutsch	

Anwenderstatus

Ord...	Status	Kurztext	LTe...	Initial...	Niedrig...	Höchs...	Posi...	Prio...	Ber.Schlü...	Vo...	
	DrSp	Drucksperre	☐	☐							
10	Offn	Offen	☐	☑	10	30	1	1		OPEN	
20	Bear	In Bearbeitung	☐	☐	20	30	1	1		INPR	
30	Erld	Erledigt	☐	☐	20	30	1	1		FINI	

Abbildung 4.14: Customizing Statusschema – einfach

Statusschema Kundenauftrag CRMORDER

 Initial hat der Auftrag den Status *Offen* (Häkchen in Spalte 5). »Offen« hat die Ordnungsnummer *10*, »In Bearbeitung« *20* und »Erledigt« *30*. Vom Status »Offen« kann der nächste Status zwischen der Ordnungsnummer 10 und 30 liegen, also alle drei Status annehmen. Ist der Status »In Bearbeitung« oder »Erledigt«, können Sie nicht mehr zum Status »Offen« zurückwechseln. Der Status »Drucksperre« kann immer zusätzlich gesetzt bzw. entfernt werden. Mit der letzten Spalte VORGANG wird der Systemstatus gesetzt, was dann wiederum einige Folgeaktionen auslösen kann.

Das gezeigte Statusschema des Kundenauftrages ist ein sehr einfaches Beispiel. Falls Sie auf der Suche nach etwas anspruchsvolleren Statusschemas sind, bietet das System natürlich auch dafür Beispiele, z. B. das Schema des IT-Änderungsantrags (siehe Abbildung 4.15). Allein mit dem Statusschema können daher schon sehr viele Prozesse abgebildet werden.

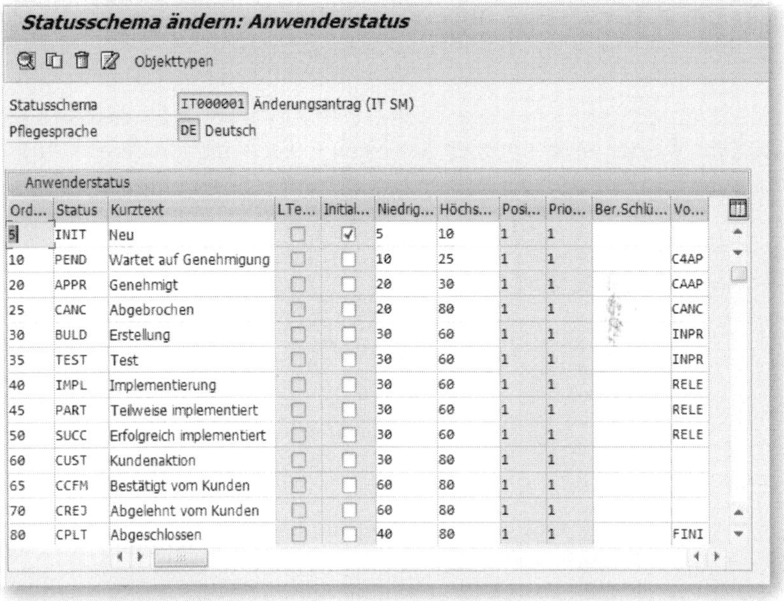

Statusschema ändern: Anwenderstatus

Objekttypen

Statusschema	IT000001 Änderungsantrag (IT SM)
Pflegesprache	DE Deutsch

Anwenderstatus

Ord...	Status	Kurztext	LTe...	Initial...	Niedrig...	Höchs...	Posi...	Prio...	Ber.Schlü...	Vo...
5	INIT	Neu	☐	☑	5	10	1	1		
10	PEND	Wartet auf Genehmigung	☐	☐	10	25	1	1	C4AP	
20	APPR	Genehmigt	☐	☐	20	30	1	1	CAAP	
25	CANC	Abgebrochen	☐	☐	20	80	1	1	CANC	
30	BULD	Erstellung	☐	☐	30	60	1	1	INPR	
35	TEST	Test	☐	☐	30	60	1	1	INPR	
40	IMPL	Implementierung	☐	☐	30	60	1	1	RELE	
45	PART	Teilweise implementiert	☐	☐	30	60	1	1	RELE	
50	SUCC	Erfolgreich implementiert	☐	☐	30	60	1	1	RELE	
60	CUST	Kundenaktion	☐	☐	30	80	1	1		
65	CCFM	Bestätigt vom Kunden	☐	☐	60	80	1	1		
70	CREJ	Abgelehnt vom Kunden	☐	☐	60	80	1	1		
80	CPLT	Abgeschlossen	☐	☐	40	80	1	1	FINI	

Abbildung 4.15: Customizing Statusschema – komplex

4.2.3 Positionsdaten

Bis jetzt haben wir uns das Customizing für den sogenannten *Vorgangskopf* (*SPRO* unter CUSTOMER RELATIONSHIP MANAGEMENT • VORGÄNGE • GRUNDEINSTELLUNGEN • VORGANGSARTEN DEFINIEREN) angesehen. Um beim Beispiel »Terminauftrag« zu bleiben, wissen wir nun, wann der Kunde den Auftrag platziert hat, wer der Warenempfänger ist und in welchem Bearbeitungsstatus sich der Auftrag befindet. Allerdings fehlt noch ein entscheidender Punkt. Was hat der Kunde bestellt?

Diese Informationen werden in den Positionsdaten gespeichert. Eine Position hat immer einen *Positionstyp*. Dieser definiert, welche Daten

127

eine Position enthält und welche Funktionalitäten für diesen Typ eingeschaltet sind.

Das Customizing des Positionstyps ist ebenfalls im Vorgangszweig untergebracht: CUSTOMER RELATIONSHIP MANAGEMENT • VORGÄNGE • GRUNDEINSTELLUNGEN • POSITIONSTYPEN DEFINIEREN.

Dieses ähnelt dem der Vorgangsart (vgl. Abschnitt 4.2). Als Beispiel soll hier wieder eine normale Verkaufsposition dienen (siehe Abbildung 4.16).

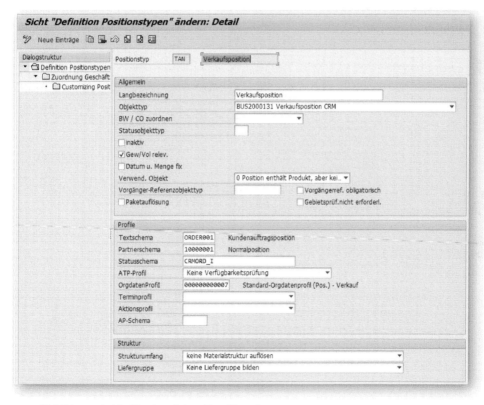

Abbildung 4.16: Customizing Positionstyp

Wie schon beim Vorgangskopf-Customizing gibt es auch für den Positionstyp eine ZUORDNUNG ZU EINEM GESCHÄFTSVORGANGSTYP, über die noch speziellere Attribute gepflegt werden können (siehe Abbildung 4.17). Im gezeigten Fall des Geschäftsvorgangstyps *Verkauf* sind das z. B. Daten zu:

▶ FAKTURA,

▶ PREISFINDUNG,

▶ ANGEBOT sowie Angaben zur

▶ RUNDUNG.

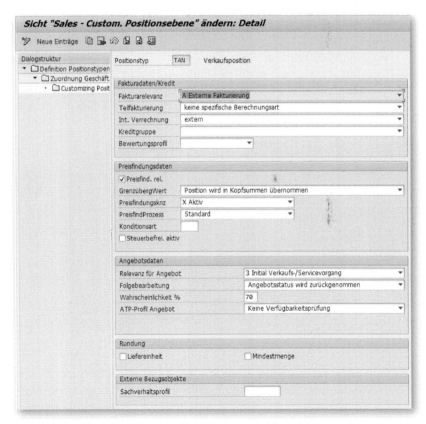

Abbildung 4.17: Customizing Positionstyp – Vorgangstyp

Die Zuordnung der möglichen Positionstypen zu einer Vorgangsart wird in der sogenannten POSITIONSTYPENFINDUNG (Abbildung 4.18) vorgenommen (Customizing unter CUSTOMER RELATIONSHIP MANAGE-MENT • VORGÄNGE • GRUNDEINSTELLUNGEN • POSITIONSTYPENFINDUNG DEFINIEREN). Hier können Sie noch zusätzliche Kriterien eintragen:

▶ *Positionstypengruppe*
Die Positionstypengruppe ist ein Attribut im Produktstamm und wird für die Findung des richtigen Positionstyps verwendet.

▶ *Positionstypenverwendung*
Diese wird für Positionen ohne Produktbezug (hauptsächlich Textpositionen) verwendet, da hier keine Positionstypengruppe aus dem Produkt ermittelt werden kann.

▶ *Hauptpositionstyp*
Dies ist relevant, wenn es übergeordnete Positionen im Vorgang gibt und darüber der entsprechende Positionstyp gefunden werden soll.

Positionstypenfindung									
VorgArt	Bez. VorgArt	PosTypGr	PosVerwend	HPOS-Typ	Bez. HPOS...	PosTyp	Bez. PosTyp	Pos.Alt. 1	Bez. Pos.Al
TA	Terminauftr.	0005 Externe Konf. ▼	▼			TAEC	Verkauf m.ext.Konfig		
TA	Terminauftr.	0005 Externe Konf. ▼	▼ TAEC		Verkauf m.e.	TASC	VerkUPos ext.Konfig.		
TA	Terminauftr.	ERLA Struktur oben ▼	▼			TAU	Lieferumfang Kopf		
TA	Terminauftr.	IO01 Produkt/Obje. ▼	▼			IOOH	VrkPos. Objekt unten		
TA	Terminauftr.	IO01 Produkt/Obje. ▼	▼ IOOH		VrkPos. Obj.	IOOI	Objekt VerkPos.Prod.		
TA	Terminauftr.	IO02 Objekt ▼	▼			IOOS	Verkaufspos.: Objekt		
TA	Terminauftr.	IO02 Objekt ▼	▼ IOOH		VrkPos. Obj.	IOOI	Objekt VerkPos.Prod.		
TA	Terminauftr.	LUMF Struktur unt. ▼	▼			TAP	Lieferumfang Pos.		
TA	Terminauftr.	NORM Verkaufsposi. ▼	▼			TAN	Verkaufsposition		
TA	Terminauftr.	NORM Verkaufsposi. ▼	▼ TAC		Verk. Konfig.	TAE	Verkauf: Erläuterung		
TA	Terminauftr.	NORM Verkaufsposi. ▼	▼ TAE		Verkauf: Erl.	TAE	Verkauf: Erläuterung		
TA	Terminauftr.	NORM Verkaufsposi. ▼	▼ TAM		Verk. Konfig.	TAN	Verkaufsposition		

Abbildung 4.18: Customizing Positionstypenfindung

Durch dieses sehr flexible Customizing kann es eine Vielzahl von Positionstypen und damit unterschiedlichste Verwendungsmöglichkeiten für Vorgänge mit und ohne Positionsdaten geben. So können in einem Vorgang ganz verschiedene Positionstypen enthalten sein und jeder Typ lässt sich unterschiedlich behandeln. Als Beispiel sei eine

Rückmeldung des Service-Technikers genannt. Diese kann u. a. Positionen für die geleistete Arbeitszeit, Ersatzteile, zusätzlich verkaufte Produkte sowie Spesen enthalten.

4.3 Benutzeroberfläche

Das Customizing für die Benutzeroberfläche wird zum einen in einem Zweig der *SPRO* (CUSTOMER RELATIONSHIP MANAGEMENT • UI-FRAMEWORK • TECHNISCHE ROLLENDEFINITION BZW. BENUTZERROLLEN) und zum anderen im Layout der Komponenten vorgenommen.

Mittlerweile kann man einige Teile der Benutzerrolle auch im WebUI pflegen (am Beispiel der Benutzerrolle SALESPRO in Abbildung 4.19, über die WebUI-Benutzerrolle ADMIN unter dem Menüpunkt ROLLEN-CUSTOMIZING).

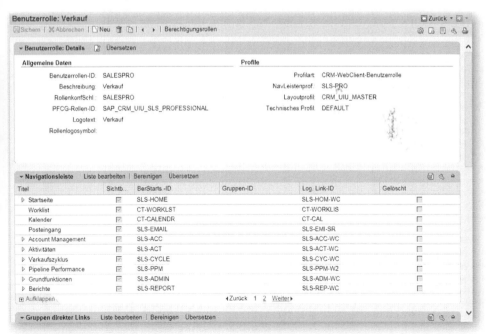

Abbildung 4.19: Definition der Businessrolle im WebUI

4.3.1 Benutzerrolle

Die *Benutzerrolle* beschreibt eine Sammlung von CRM-Anwendungen, die für eine bestimmte Benutzergruppe zusammengestellt werden. In der Standardauslieferung gibt es schon jede Menge Rollen, die sehr gut als Vorlage für die ersten Schritte dienen können.

Wenn ein Benutzer für mehr als eine Benutzerrolle Berechtigungen hat, wird ihm die Auswahl zur Benutzerrolle beim Start des WebClient UIs angezeigt.

Zuweisen einer Benutzerrolle

Welche Benutzerrolle ein Anwender bekommt, wird hauptsächlich über die Berechtigungsrolle (*PFCG*-Rolle, siehe auch Abschnitt 4.4) festgelegt. Des Weiteren kann die Zuweisung über das Organisationsmodell im WebUI über die ROLLENZUORDNUNG erfolgen (siehe Abbildung 4.20).

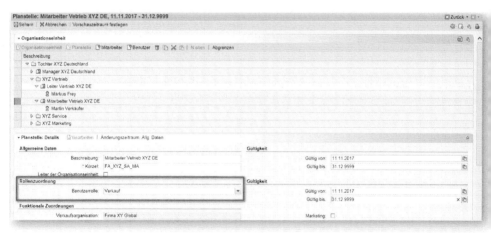

Abbildung 4.20: Rollenzuordnung im Organisationsmodell

Das ist alternativ auch über die SAP-GUI-Transaktion *PPOMA_CRM* möglich, wie in Abbildung 4.21 gezeigt. Dazu müssen Sie ein Organisationsobjekt auswählen und die erweiterte Attributpflege öffnen (SPRINGEN • DETAILOBJEKT • ERWEITERTE OBJEKTBESCHREIBUNG).

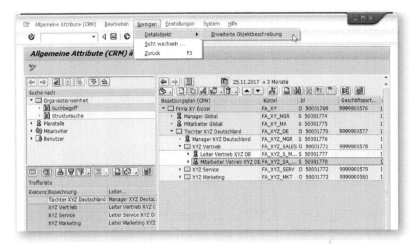

Abbildung 4.21: Organisationsmodell in der SAP GUI

Abbildung 4.22 zeigt, wie Sie anschließend das Attribut BUSINESS ROLE zur gewünschten Benutzerrolle zuordnen.

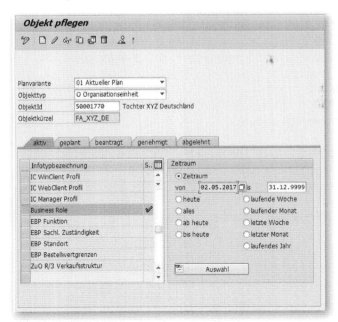

Abbildung 4.22: Zuordnung der Benutzerrolle im SAP GUI

Damit bekommen alle Benutzer diese Benutzerrolle zugewiesen, die in einem bestimmten Zweig des Organisationsmodells gepflegt sind. Im obigen Beispiel wären das alle Personen unterhalb des Knotens *FA_XYZ_DE*.

Anzeige aller Benutzerrollen

 Manchmal ist es hilfreich, sich die vordefinierten Benutzerrollen anzusehen. Dazu können dem Benutzer die entsprechenden Berechtigungsrollen zugeordnet werden, oder die Rollenzuweisung wird über den Benutzerparameter CRM_UI_PROFILE definiert (entweder mit dem technischen Namen der Benutzerrolle oder einem * für alle).

Pflege der Benutzerrolle

Die Benutzerrolle ist eine Sammlung aus Unterprofilen, die jeweils bestimmte Funktionalitäten in dieser Rolle steuern. Das wichtigste Unterprofil ist das *Navigationsleistenprofil* (siehe Abbildung 4.23).

Das Navigationsleistenprofil definiert, welche Applikationen verfügbar sein sollen. Die einzelnen Startseiten (Bereichsstartseiten) können wiederum Unterseiten aufrufen.

Das Customizing ist in der Transaktion *SPRO* über den Pfad CUSTO-MER RELATIONSHIP MANAGEMENT • UI FRAMEWORK • TECHNISCHE ROL-LENDEFINITION • NAVIGATIONSLEISTENPROFIL DEFINIEREN zu finden.

Zudem definiert das Navigationsleistenprofil:

▶ den Link auf die direkt beim Start angezeigte Seite,

▶ direkte Links (unterhalb der Navigationsleiste, z. B. Schnellanlage, zuletzt verwendete Objekte),

▶ Regeln für generische Navigation.

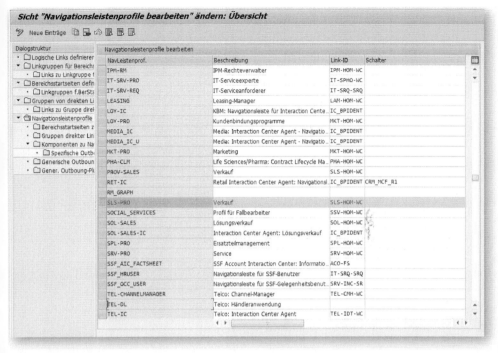

Abbildung 4.23: Navigationsleistenprofil

Neben dem Navigationsleistenprofil gibt es noch mehrere wichtige Unter- bzw. Funktionsprofile, die in der Benutzerrolle verwendet werden. Zu diesen Einstellungen gelangen Sie in der Transaktion *SPRO* über den Pfad CUSTOMER RELATIONSHIP MANAGEMENT • UI FRAMEWORK • BENUTZERROLLEN • BENUTZERROLLE DEFINIEREN.

In der Abbildung 4.24, unter BENUTZERROLLEN DEFINIEREN, finden Sie die folgenden Zuordnungen:

▶ Rollenkonfigurationsschlüssel (ROLLENKONF.SCHL.),

▶ LAYOUTPROFIL,

▶ TECHNISCHES PROFIL,

▶ ID der zugehörigen PFCG-ROLLE.

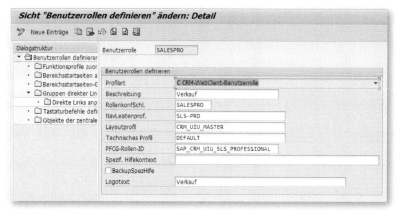

Abbildung 4.24: Benutzerrolle

Abbildung 4.25: Funktionsprofile der Benutzerrolle

Weitere Funktionsprofile können, wie in Abbildung 4.25 gezeigt, über den Menüpunkt FUNKTIONSPROFILE ZUORDNEN unter Angabe der jeweiligen Funktionsprofil-ID zugeordnet werden:

▶ Parameter (PARAMETERS),

▶ Produktvorschlag (PROD_PROP),

▶ Reporting-Optionen (REPORTING_PROF),

▶ ERP-Verkaufsvorgang (ERP_SALES_ORDER)

▶ und vieles mehr …

Diese ganzen Profile werden in dem Customizing-Bereich CUSTOMER RELATIONSHIP MANAGEMENT • UI-FRAMEWORK • TECHNISCHE ROLLENDEFINITION definiert.

Die weiteren Einstellungen der Benutzerrolle sind:

▶ BEREICHSSTARTSEITEN ANPASSEN
Unter diesem Punkt werden die Reihenfolge und Sichtbarkeit der einzelnen Startseiten der im Navigationsprofil definierten Applikationen festgelegt.

▶ BEREICHSSTARTSEITEN-GRUPPEN-LINKS ANPASSEN (siehe Abbildung 4.26)
Hiermit legen Sie die sichtbaren Links der Bereichsstartseiten fest. Zudem können auch Links direkt ins Navigationsmenü (siehe ❷ aus Abbildung 2.3) eingebunden werden.

▶ GRUPPEN DIREKTER LINKS ANPASSEN
Unterhalb des Navigationsmenüs werden Gruppen von direkten Links angezeigt (z. B. SCHNELLANLAGE oder ZULETZT VERWENDET), die hier gewählt werden.

▶ TASTATURBEFEHLE DEFINIEREN
Für eine schnelle Navigation ohne Maus gibt es global gültige Tastaturbefehle, welche in diesem Untermenü eingerichtet werden.

▶ OBJEKTE DER ZENTRALEN SUCHE ANPASSEN
Hiermit können Objekte, die in der zentralen Suche verwendet werden, ausgeschaltet werden.

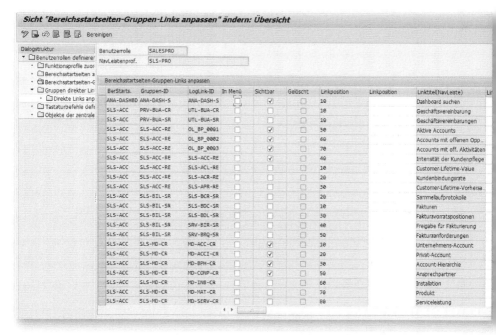

Abbildung 4.26: Sichtbare Bereichsstartseiten

4.3.2 UI-Konfiguration

Die Konfiguration der einzelnen Screens kann an zwei Stellen erfolgen: zum einen über die *Komponentenworkbench* BSP_WD_CMPWB (Abbildung 4.27) und zum anderen über das UI selbst (Abbildung 4.28).

Konfiguration im WebUI
Damit Sie im WebUI die Konfiguration der Screens direkt vornehmen können, muss der Konfigurationsmodus zunächst unter PERSONALISIEREN • EINSTELLUNGEN PERSONALISIEREN aktiviert werden.

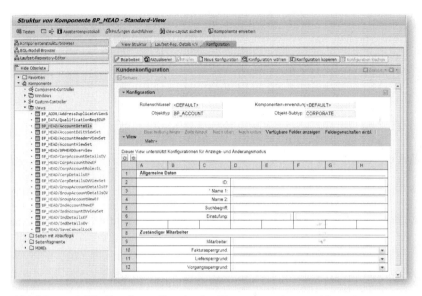

Abbildung 4.27: Konfiguration in der Komponentenworkbench

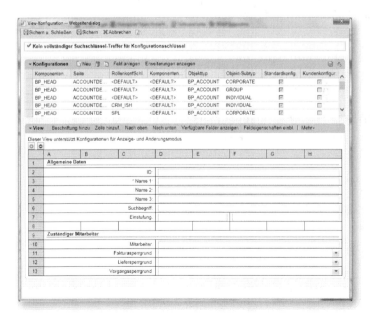

Abbildung 4.28: Konfiguration im WebUI

Die im WebUI dargestellten Views werden über diese Konfiguration größtenteils von Anwendungsbetreuern verändert. Dabei können Felder ein- und ausgeblendet und bestimmte Attribute der Felder angepasst werden. Zu diesen Attributen gehören:

▶ Position,

▶ Größe,

▶ Bezeichnung,

▶ Mussfeld,

▶ Nur Anzeige.

Die Konfiguration eines Views hängt im großen Maß vom Typ des Views ab. So ist ein »normaler« View (wie in Abbildung 4.29 gezeigt) etwas anders zusammengesetzt als beispielsweise ein Tabellenview. Aber es gibt bei einer Viewkonfiguration auch Bereiche, die typunabhängig sind:

❶ Aktuell gewählte Konfiguration

Für einen View kann es mehrere Konfigurationen geben, je nach aktuellem Kontext (z. B. welches Objekt wird gerade angezeigt, ist es im Anzeige- oder Änderungsmodus). Diese unterscheiden sich in den folgenden Attributen:

▶ Standard- oder kundeneigene Konfiguration;

▶ *Rollenkonfigurationsschlüssel* – wird im Customizing der Benutzerrolle definiert;

▶ *Komponentenverwendung* – einzelne Komponenten sind in anderen Komponenten verwendbar, wobei der Name der Komponentenverwendung als Unterscheidungsmerkmal benutzt werden kann;

▶ *Objekttyp* – definiert alle möglichen UI-Objekttypen, wie z. B. BP_ACCOUNT;

▶ *Objekt-Subtyp* – je nach gewähltem Objekttyp sind weitere Untertypen möglich. Beim Typ BP_ACCOUNT sind das etwa

CORPORATE, INDIVIDUAL und GROUP. Damit können je nach Accounttyp unterschiedliche Views dargestellt werden.

❷ Liste aller verfügbaren Felder

Hier werden alle benutzbaren Felder der verschiedenen Kontextknoten dargestellt. Aus dieser Liste können Sie Felder wählen und in die Konfiguration übertragen.

❸ Attribute des selektierten Feldes

Wie oben beschrieben, können hier die Attribute (Größe, Position, Mussfeld, Nur Anzeige) geändert werden.

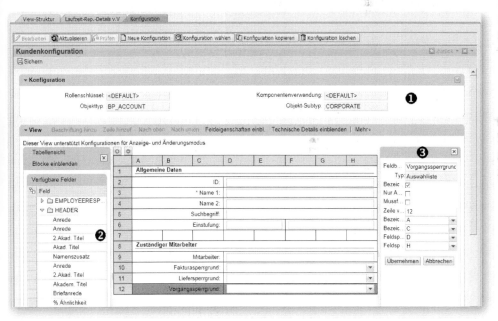

Abbildung 4.29: Mögliche Optionen in der Konfiguration

Das Speichern einer selbstdefinierten Konfiguration eines Views erzeugt einen Customizing-Auftrag.

141

Welche der definierten Konfigurationen benutzt wird, entscheidet die Komponente selbst. Über ein BADI kann diese Ermittlung auch übersteuert werden.

4.4 Berechtigungen

Spätestens im produktiven Betrieb sollte es für jede Benutzergruppe eigene und auf sie zugeschnittene Berechtigungsrollen geben. Dies gilt natürlich auch für ein SAP-CRM-System.

Die Pflege von *Berechtigungsrollen* wird wie üblich über die Transaktion *PFCG* vorgenommen. Dort können die gewünschten Rollen mit Berechtigungen gefüllt werden (Abbildung 4.30).

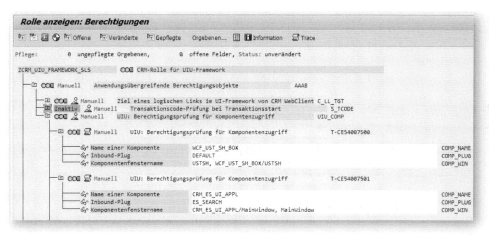

Abbildung 4.30: Berechtigungspflege in der PFCG

Wie im Abschnitt 4.3.1 schon angesprochen wurde, kann mittels einer dem Benutzer zugewiesenen PFCG-Rolle auch dessen Benutzerrolle ermittelt werden. Diese Rolle muss keine weiteren Berechtigungen enthalten, aber sie kann natürlich Grundzugriffe bereitstellen (z. B. Basis-WebUI-Komponenten, SAP Office, Lesen des Organisationsmodells).

Die einzelnen PFCG-Rollen sollten möglichst kleine Prozessschritte (z. B. Anzeige von Interessenten) enthalten und dann wieder über Sammelrollen zu weiterreichenden Benutzerprofilen gebündelt werden. Um die für die einzelnen Schritte notwendigen Berechtigungen zu ermitteln, kann man mit den von SAP mitgelieferten Rollen beginnen. Oder Sie starten mit einem Testbenutzer und einem *Berechtigungstrace* (Transaktion *ST01*) und bauen die Rollen nacheinander auf.

4.5 Best Practices

Für die wichtigsten Funktionen liefert SAP Einstellungen mit aus, die auch ohne Anpassungen benutzt werden können. Um aber ein komplettes CRM-Szenario einzurichten, gibt es sogenannte *Best Practices*. Diese erklären Schritt für Schritt die Einstellungen, die nacheinander vorgenommen werden müssen.

Diese Dokumente sind im *SAP Best Practices Explorer* zu finden (*https://rapid.sap.com/bp*, Abbildung 4.31):

Abbildung 4.31: SAP Best Practices Explorer

143

Für jede Lösung wird deren Einsatzzweck beschrieben und welche Voraussetzungen erfüllt sein müssen. Im Konfigurationsteil sind dann alle notwendigen Einstellungen in Konfigurationsdokumenten ausführlich erklärt (siehe Beispiel für CRM-Auftrags- und Angebotsmanagement, Abbildung 4.32):

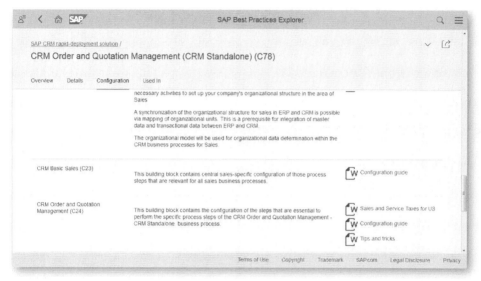

Abbildung 4.32: Best Practices: Auftrags- und Angebotsmanagement

Mithilfe dieser Dokumente und der dazugehörigen Einstellungen können einfache Szenarien komplett definiert werden. Zudem können Ihnen diese Vorlagen als Startpunkt für weitere, komplexere Prozessvarianten dienen.

4.6   Businessfunktionen

Mit jedem Erweiterungspaket (Engl. *Enhancement Package*) werden neue Entwicklungen und Funktionalitäten ausgeliefert, die nicht automatisch aktiviert sind. Um diese zu aktivieren, muss ein Administrator in die Transaktion *SFW5* (oder aber in den dafür vorgesehenen Customizing-Eintrag SPRO • BUSINESS FUNCTIONS AKTIVIEREN) abspringen. Abbildung 4.33 zeigt diese Transaktion.

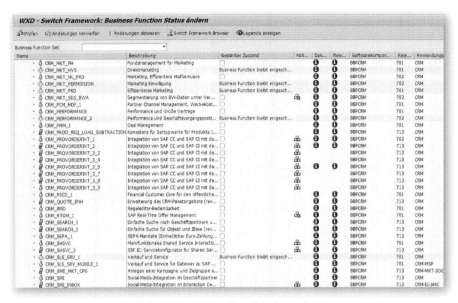

Abbildung 4.33: Switch Framework – Businessfunktionen

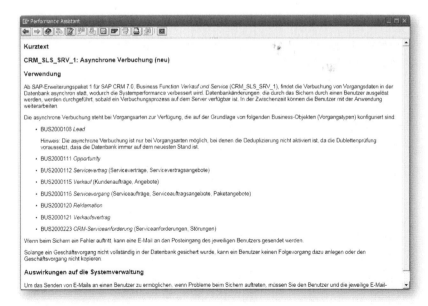

Abbildung 4.34: Dokumentation für eine Businessfunktion

In Transaktion SFW5 finden Sie alle möglichen Erweiterungen des Systems inkl. seiner installierten Komponenten aufgelistet. Zudem wird angezeigt, welche Erweiterung bereits aktiviert wurde. Mit einem Absprung auf die Hilfe- bzw. Beschreibungsseiten über das Icon 🛈 können Sie sich die genaue Funktionalität hinter der Erweiterung anzeigen lassen (Abbildung 4.34).

Neben neuen Funktionen kann es auch Erweiterungen geben, die ein bisher bekanntes Verhalten ändern und daher explizit vom Kunden zunächst geprüft werden müssen.

5 Erweiterungen

Die Standard-CRM-Funktionen sind grundsätzlich so konzipiert, dass Sie sie ohne eigene Anpassungen oder Entwicklungen verwenden können. Allerdings kann und wird es sicher im Laufe eines CRM-Projekts zu Anforderungen kommen, die sich nicht ohne Erweiterungen umsetzen lassen.

Für solche Erweiterungen bietet das SAP-CRM-System eine Vielzahl von Möglichkeiten. In den seltensten Fällen werden Sie allerdings ein Patentrezept finden, welche Art von Erweiterung zu bevorzugen ist. Auf den nächsten Seiten stelle ich Ihnen daher die gängigsten Erweiterungsarten vor und erkläre sie anhand konkreter Anwendungsbeispiele.

5.1 Grundlegendes Verständnis und Voraussetzungen

Für die meisten Erweiterungen ist es notwendig, dass man ein gewisses Maß an technischem Verständnis mitbringt. Oftmals wird es hilfreich sein, vorhandenen Beispielcode zu analysieren und darauf aufbauend eigene Ideen in Coding umzusetzen.

Bis auf die Felderweiterung mittels AET (siehe Abschnitt 5.7) muss in den nachfolgend vorgestellten Erweiterungsmethoden mit ABAP- bzw. ABAP-OO-Coding gearbeitet werden. Zudem ist es entscheidend, an welcher Stelle innerhalb der CRM-Ebenen die Erweiterung ansetzt; je nachdem ist die Programmiermethodik entsprechend anzupassen.

Dazu führen wir uns nochmal das in Abschnitt 2.1 vorgestellte Ebenenkonzept vor Augen. Abbildung 5.1 integriert die verschiedenen Erweiterungsformen in diese Ebenen.

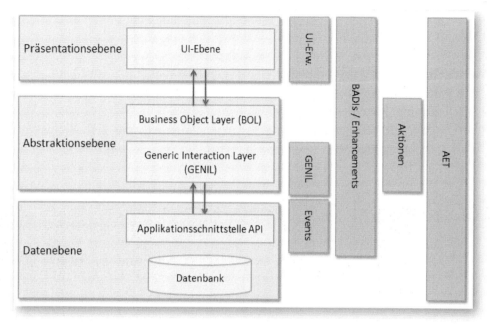

Abbildung 5.1: Erweiterungsmöglichkeiten

So kann es z. B. etwas schwierig oder gar unmöglich werden, in Events auf die Funktionen der Präsentationsebene zuzugreifen. Hier könnte man eher direkt mit den APIs arbeiten, aber das Umgehen der Zwischenebenen (BOL und GENIL) wird keine gute Lösung sein.

5.2 Aktionen

Das *Post Processing Frameworks (PPF)* bietet eine sehr standardnahe Art der Erweiterung. Hier können zu bestimmten Zeitpunkten und Systemzuständen *Aktionen* getriggert werden.

Aktionen können Sie im CRM-System in mehreren Bereichen benutzen. Als Beispiel betrachten wir hier Aktionen im Vorgang (Customizing-Transaktion *SPRO* – CUSTOMER RELATIONSHIP MANAGEMENT • GRUNDFUNKTIONEN • AKTIONEN • AKTIONEN IM VORGANG).

In den einzelnen Aktionen werden Einstellungen zur Findung und Verarbeitung vorgenommen, wie in Abbildung 5.2 gezeigt.

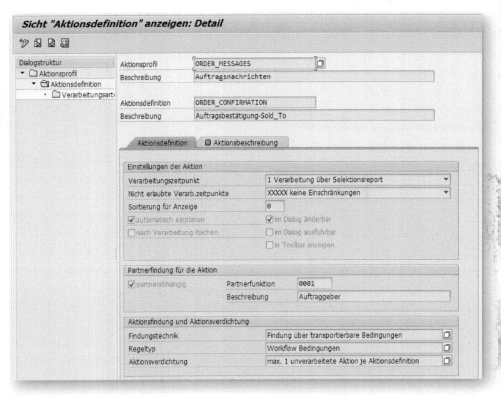

Abbildung 5.2: Definition einer Aktion im Aktionsprofil

Wann eine Aktion gestartet bzw. ausgeführt werden kann, wird in separat einzustellenden Bedingungen der Aktion (Abbildung 5.3) festgelegt. Die Aktionen sind dann in einem Aktionsprofil gebündelt, das einem Vorgang zugeordnet ist (siehe Abschnitt 4.2).

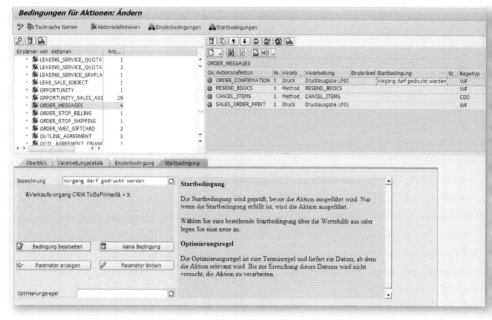

Abbildung 5.3: Bedingungen für Aktionen

Als Aktion können folgende Optionen gewählt werden:

▶ Senden von Mails,

▶ Drucken von Daten,

▶ Folgevorgang anlegen,

▶ Aufruf von eigenem Coding,

▶ Workflow starten,

▶ Auslösen von Alerts.

In der Benutzeroberfläche (Abbildung 5.4) gibt es einen eigenen Zuordnungsblock, der alle ausgeführten und ausführbaren Aktionen auflistet.

Aktionen	Status	Aktionsdefinit...	Verarbeitung...	Erstellt Durch	Status	Erstellungsda...	Erstellungszeit	Ausführbar
🗑 Ausführen	△	Auftragsbest...	Druck	Markus Frey	Aktiv	16.09.2017	10:09	Ja

Abbildung 5.4: Aktionen im WebUI

5.3 BAdI

Business Add-Ins (kurz *BAdIs*) sind Erweiterungen, die im SAP-Programmablauf aufgerufen werden. BAdIs unterscheiden sich in folgenden Punkten:

▶ Erweiterungsspot oder klassisches BAdI (Erklärung siehe unten),

▶ mehrfach oder einfach nutzbar
Mehrfach nutzbare BAdIs werden im Programmablauf eines nach dem anderen durchlaufen. Bei nicht mehrfach nutzbaren BAdIs kann immer nur eine Implementierung aktiv sein.

▶ Aufruf immer oder nur bei zutreffendem Filterwert
Falls ein Filterwert in der Implementierung des BAdIs definiert ist, wird dieses nur dann aufgerufen, wenn dieser mit dem Filterwert im aktuellen Aufruf übereinstimmt.

Abbildung 5.5: Einstiegsseite BAdI-Builder (SE18)

Die Definition der BAdIs wird über die Transaktion *SE18* (Abbildung 5.5) gestartet. Diese unterscheidet in ERWEITERUNGSSPOT (siehe Abschnitt 5.3.2) und das klassische BADI (siehe Abschnitt 5.3.1). Einzelne Implementierungen der BAdIs können über die Transaktion *SE19* aufgerufen werden.

5.3.1 Klassisches BAdI

Ein *klassisches BAdI* ist der alte und immer noch gültige Weg, um Erweiterungen an Stellen einzubauen, die von der SAP vorab definiert wurden.

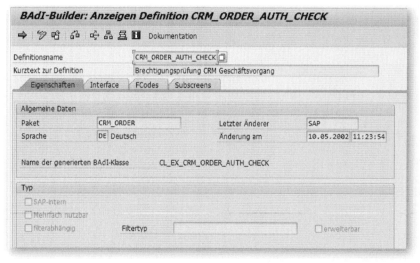

Abbildung 5.6: Klassisches BADI

Grundlage eines BAdIs ist ein Interface, das Methoden mit Ein- und Ausgabeparametern enthält. Wenn man für dieses BAdI eine Implementierung anlegt, wird eine Klasse generiert, die dieses Interface benutzt. Innerhalb der Methoden kann dann auf die Eingabeparameter zugegriffen und Ausgabeparameter können verändert werden.

Abbildung 5.6 zeigt die Definition des BAdIs CRM_ORDER_AUTH_ CHECK. Damit lassen sich weitere Berechtigungen beim Bearbeiten von OneOrder-Vorgängen einbauen. Das Programmierbeispiel aus Abbildung 5.7 zeigt dies für eine Vorgangsart ZTAO. Hier wird auf das Berechtigungsobjekt ZDUMMY geprüft, und bei einem Fehlschlagen der Prüfung wird eine Fehlermeldung ausgegeben.

```
 1  METHOD if_ex_crm_order_auth_check~crm_order_add_auth_check.
 2  ***********************************************************************
 3  * Zusaetzlicher Berechtigungscheck
 4  ***********************************************************************
 5
 6      IF iv_process_type = 'ZTAO'.
 7
 8        AUTHORITY-CHECK OBJECT 'ZDUMMY'
 9                ID 'ZPROC' FIELD iv_process_type.
10        IF sy-subrc NE 0.
11          MESSAGE ID 'CRM_BTIL' TYPE 'E' NUMBER '006'
12                WITH sy-msgv1 sy-msgv2 sy-msgv3 sy-msgv4
13                RAISING no_authority.
14
15        ENDIF.
16      ENDIF.
17
18  ENDMETHOD.
```

Abbildung 5.7: Zusätzliche Berechtigungsprüfung

5.3.2 Erweiterungsspot

Ein *Erweiterungsspot* ist Teil des neuen Erweiterungsframeworks der SAP (siehe auch Abschnitt 5.4) und enthält Erweiterungen, die explizit vorgegeben sind. Die Grundidee ist dieselbe wie bei einem klassischen BAdI – mit dem Unterschied, dass ein Erweiterungsspot mehrere Erweiterungsdefinitionen beinhalten kann. Die Ausprägung einer solchen Erweiterung ist mit der eines BAdIs vergleichbar. In der generierten ABAP-Klasse können die Interface-Methoden ausprogrammiert werden.

Das Beispiel in Abbildung 5.8 zeigt den Erweiterungsspot CRM_UIU_ BP_ENHANCEMENT. Dieser ermöglicht es, bestimmte Anpassungen im Bereich des Geschäftspartners auf UI-Ebene vorzunehmen, z. B. das Setzen von Default-Werten.

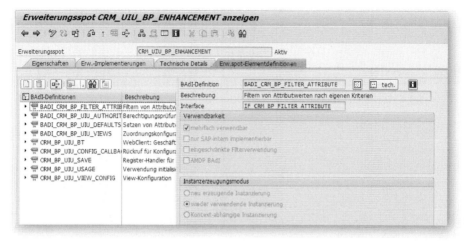

Abbildung 5.8: Erweiterungsspot

5.4 Implizite Erweiterungen

Neben den gerade beschriebenen *expliziten* Erweiterungen kann man mittels *impliziter Erweiterungen* Standard-SAP-Objekte um selbst entwickelte Funktionen erweitern.

Die impliziten Erweiterungen können an vielen Stellen eines ABAP-Codings benutzt werden, wie z. B.:

▶ am Ende eines Includes,

▶ am Anfang und Ende einer Methode, Form, Funktion,

▶ am Ende einer Interface-Definition,

▶ am Ende einer Strukturdefinition.

Im ABAP-Quelltexteditor können diese möglichen Positionierungen über die Erweiterungsoperationen angezeigt werden (Abbildung 5.9, im ABAP-Quelltexteditor unter BEARBEITEN • ERWEITERUNGSOPERATIO-NEN • IMPLIZITE ERW.-OPTIONEN EINBLENDEN). Die Erweiterung selbst kann mit dem Button ⓔ begonnen werden, dargestellt in Abbildung 5.10.

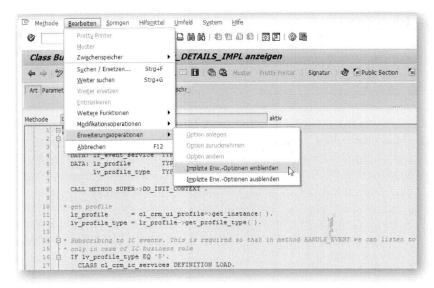

Abbildung 5.9: Implizite Erweiterung einblenden

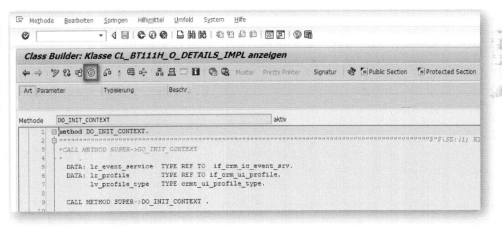

Abbildung 5.10: Implizite Erweiterung

Damit sollten sich größtenteils Modifikationen des Standard-Codings vermeiden lassen.

5.5 Events

Mithilfe von Events kann bei bestimmten Ereignissen (z. B. sofort nach dem Ändern des Warenempfängers) ein beliebiges Coding ausgeführt werden.

Wenn Sie eine solche zusätzliche Programmlogik benutzen möchten, dann müssen im Customizing (Transaktion *SPRO* im Pfad CUSTOMER RELATIONSHIP MANAGEMENT • VORGÄNGE • GRUNDEINSTELLUNGEN • EVENTHANDLER-TABELLE BEARBEITEN) dieses kundenspezifische Event und die dazugehörige Callback-Funktion definiert werden.

Als Vorlagen können Sie die im Standard ebenfalls benutzten Events und deren Callbacks mit der Transaktion *CRMV_EVENT* verwenden (siehe Abbildung 5.11).

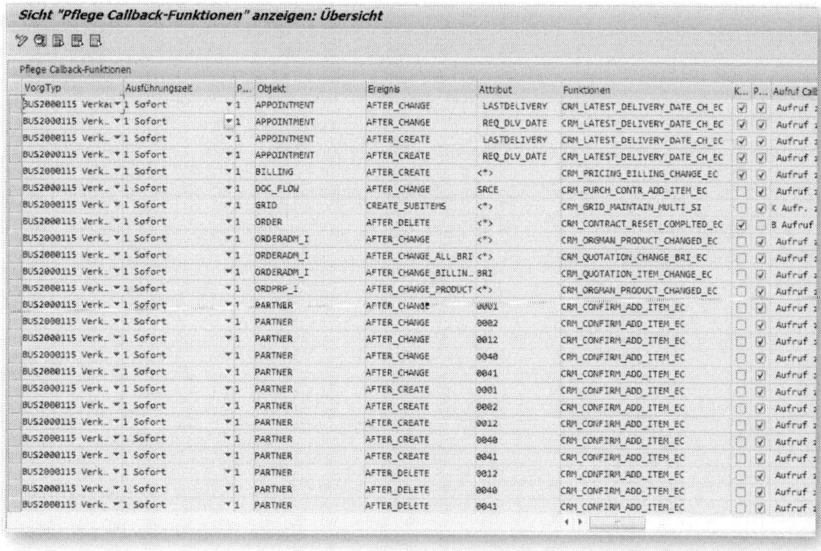
Sicht "Pflege Callback-Funktionen" anzeigen: Übersicht

Pflege Callback-Funktionen

VorgTyp	Ausführungszeit	P...	Objekt	Ereignis	Attribut	Funktionen	K...	P...	Aufruf Call
BUS2000115 Verkau	1 Sofort	1	APPOINTMENT	AFTER_CHANGE	LASTDELIVERY	CRM_LATEST_DELIVERY_DATE_CH_EC	✓	✓	Aufruf
BUS2000115 Verk...	1 Sofort	1	APPOINTMENT	AFTER_CHANGE	REQ_DLV_DATE	CRM_LATEST_DELIVERY_DATE_CH_EC	✓	✓	Aufruf
BUS2000115 Verk...	1 Sofort	1	APPOINTMENT	AFTER_CREATE	LASTDELIVERY	CRM_LATEST_DELIVERY_DATE_CH_EC	✓	✓	Aufruf
BUS2000115 Verk...	1 Sofort	1	APPOINTMENT	AFTER_CREATE	REQ_DLV_DATE	CRM_LATEST_DELIVERY_DATE_CH_EC	✓	✓	Aufruf
BUS2000115 Verk...	1 Sofort	1	BILLING	AFTER_CREATE	<*>	CRM_PRICING_BILLING_CHANGE_EC	✓	✓	Aufruf
BUS2000115 Verk...	1 Sofort	1	DOC_FLOW	AFTER_CHANGE	SRCE	CRM_PURCH_CONTR_ADD_ITEM_EC		✓	Aufruf
BUS2000115 Verk...	1 Sofort	1	GRID	CREATE_SUBITEMS	<*>	CRM_GRID_MAINTAIN_MULTI_SI		✓	K Aufr.
BUS2000115 Verk...	1 Sofort	1	ORDER	AFTER_DELETE	<*>	CRM_CONTRACT_RESET_COMPLTED_EC	✓		B Aufruf
BUS2000115 Verk...	1 Sofort	1	ORDERADM_I	AFTER_CHANGE	<*>	CRM_ORGMAN_PRODUCT_CHANGED_EC		✓	Aufruf
BUS2000115 Verk...	1 Sofort	1	ORDERADM_I	AFTER_CHANGE_ALL_BRI	<*>	CRM_QUOTATION_CHANGE_BRI_EC		✓	Aufruf
BUS2000115 Verk...	1 Sofort	1	ORDERADM_I	AFTER_CHANGE_BILLIN...	BRI	CRM_QUOTATION_ITEM_CHANGE_EC		✓	Aufruf
BUS2000115 Verk...	1 Sofort	1	ORDPRP_I	AFTER_CHANGE_PRODUCT	<*>	CRM_ORGMAN_PRODUCT_CHANGED_EC		✓	Aufruf
BUS2000115 Verk...	1 Sofort	1	PARTNER	AFTER_CHANGE	0001	CRM_CONFIRM_ADD_ITEM_EC		✓	Aufruf
BUS2000115 Verk...	1 Sofort	1	PARTNER	AFTER_CHANGE	0002	CRM_CONFIRM_ADD_ITEM_EC		✓	Aufruf
BUS2000115 Verk...	1 Sofort	1	PARTNER	AFTER_CHANGE	0012	CRM_CONFIRM_ADD_ITEM_EC		✓	Aufruf
BUS2000115 Verk...	1 Sofort	1	PARTNER	AFTER_CHANGE	0040	CRM_CONFIRM_ADD_ITEM_EC		✓	Aufruf
BUS2000115 Verk...	1 Sofort	1	PARTNER	AFTER_CHANGE	0041	CRM_CONFIRM_ADD_ITEM_EC		✓	Aufruf
BUS2000115 Verk...	1 Sofort	1	PARTNER	AFTER_CREATE	0001	CRM_CONFIRM_ADD_ITEM_EC		✓	Aufruf
BUS2000115 Verk...	1 Sofort	1	PARTNER	AFTER_CREATE	0002	CRM_CONFIRM_ADD_ITEM_EC		✓	Aufruf
BUS2000115 Verk...	1 Sofort	1	PARTNER	AFTER_CREATE	0012	CRM_CONFIRM_ADD_ITEM_EC		✓	Aufruf
BUS2000115 Verk...	1 Sofort	1	PARTNER	AFTER_CREATE	0040	CRM_CONFIRM_ADD_ITEM_EC		✓	Aufruf
BUS2000115 Verk...	1 Sofort	1	PARTNER	AFTER_CREATE	0041	CRM_CONFIRM_ADD_ITEM_EC		✓	Aufruf
BUS2000115 Verk...	1 Sofort	1	PARTNER	AFTER_DELETE	0012	CRM_CONFIRM_ADD_ITEM_EC		✓	Aufruf
BUS2000115 Verk...	1 Sofort	1	PARTNER	AFTER_DELETE	0040	CRM_CONFIRM_ADD_ITEM_EC		✓	Aufruf
BUS2000115 Verk...	1 Sofort	1	PARTNER	AFTER_DELETE	0041	CRM_CONFIRM_ADD_ITEM_EC		✓	Aufruf

Abbildung 5.11: Standard-Events über Transaktion CRMV_EVENT

Als Beispiel wollen wir das in Abbildung 5.12 gezeigte Event näher betrachten.

Abbildung 5.12: Beispiel eines Events im Customizing

Das Event wird für den Vorgangstyp *BUS2000223 CRM-Service-anforderung* bei einer Änderung des Objekts *CUSTOMER_H* aufgerufen. Dieses Objekt ist das klassische Beispiel für eine kundeneigene Erweiterung, die für alle Vorgänge im CRM-System zur Verfügung stehen soll.

Die Callback-Funktion *ZCRM_CUSTOMERH_CHANGED_EC* wird sofort (siehe ZEITPUNKT in Abbildung 5.12) durchlaufen. In diesem Beispiel wird bei einem bestimmten Feldwert eine Meldung (Abbildung 5.13) in das *Anwendungslog* geschrieben. Dort werden alle Meldungen zu dem gerade bearbeiteten Objekt gespeichert und damit auf dem UI ausgegeben.

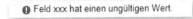

Abbildung 5.13: Meldung aus obigem Eventhandler

Die Beispielfunktion ist in Abbildung 5.14 dargestellt. Sie hat die alten und neuen Werte des `customerh`-Objekts als Eingabeparameter und kann damit eine gewisse Logik ausführen.

157

```
 1▶ ⊟ FUNCTION zcrm_customerh_changed_ec.
 2▶ ⊟ *"----------------------------------------------------
 3▶   *"*"Lokale Schnittstelle:
 4▶   *"  IMPORTING
 5▶   *"    REFERENCE(IV_OBJECT_NAME) TYPE  CRMT_OBJECT_NAME OPTIONAL
 6▶   *"    REFERENCE(IV_EVENT_EXETIME) TYPE  CRMT_EVENT_EXETIME OPTIONAL
 7▶   *"    REFERENCE(IV_EVENT) TYPE  CRMT_EVENT OPTIONAL
 8▶   *"    REFERENCE(IV_ATTRIBUT) TYPE  CRMT_EVENT OPTIONAL
 9▶   *"    REFERENCE(IV_RCODE_STATUS) TYPE  SY-SUBRC OPTIONAL
10▶   *"    REFERENCE(IV_STRVAL_OLD) TYPE  ANY OPTIONAL
11▶   *"    REFERENCE(IV_STRVAL_NEW) TYPE  ANY OPTIONAL
12▶   *"  EXCEPTIONS
13▶   *"    ABORT
14▶   *"----------------------------------------------------
15▶
16▶   DATA:
17▶     ls_customer_h_old    TYPE crmt_customer_h_wrk,
18▶     ls_customer_h_new    TYPE crmt_customer_h_wrk.
19▶
20▶     ls_customer_h_old = iv_strval_old.
21▶     ls_customer_h_new = iv_strval_new.
22▶
23▶     IF ls_customer_h_new-zz_newfield EQ 'R1'.
24▶       CALL FUNCTION 'CRM_MESSAGE_COLLECT'
25▶         EXPORTING
26▶           iv_caller_name = gc_object_name-customer_h
27▶           iv_ref_object  = iv_ref_guid
28▶           iv_ref_kind    = iv_ref_kind
29▶           iv_fieldname   = 'ZZ_NEWFIELD'
30▶           iv_msgno       = '001'
31▶           iv_msgid       = 'ZCRM_MESSAGES'
32▶           iv_msgty       = 'E'
```

Abbildung 5.14: Beispielprogramm für Event

Kundeneigene Callback-Funktionen

 Damit kundeneigene Funktionen in dem obigen Customizing verwendet und korrekt aufgerufen werden können, müssen diese Funktionen einmalig in die Tabelle CRMC_FUNC_ASSIGN eingetragen werden. Das kann über die Viewpflege mit der Transaktion *SM30* erfolgen.

5.6 UI-Framework-Erweiterungen

5.6.1 Grundlagen

Jede Applikation basiert auf einer *Komponente* im CRM. Die Komponente steuert, welche Seite dargestellt und welche Aktionen darin enthalten sind. Die in Abbildung 5.15 gezeigte Fall-Übersichtsseite zeigt drei verschiedene *Zuordnungsblöcke* an:

❶ FALL-DETAILS,

❷ BETEILIGTE PERSONEN/ORGANISATIONEN,

❸ ANLAGEN.

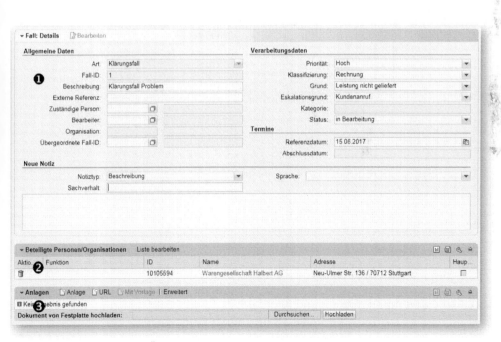

Abbildung 5.15: Übersichtsseite eines Klärungsfalls

159

Exkurs: Fallübersicht

 Abbildung 5.15 zeigt beispielhaft eine Fallbearbeitung *(Case Management)*, welche zum Servicebereich gehört. Mit ihr können komplexe Sachverhalte zu einem Kundenproblem erfasst und die verschiedenen Schritte zur Lösung dokumentiert und verwaltet werden.

Die verschiedenen Zuordnungsblöcke verweisen meist auf einen einzelnen *View*, welcher aus einer BSP-Seite mit Model(s) und Controller besteht. Die Abbildung 5.16 zeigt die benutzten Views für die beschriebene Fallübersicht.

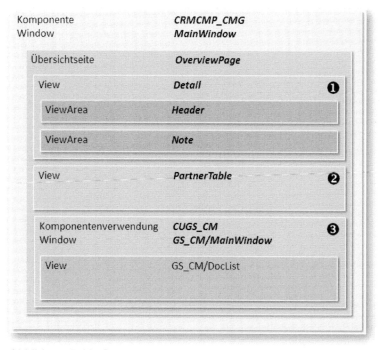

Abbildung 5.16: Schematische Darstellung der einzelnen Views

Die Hauptkomponente hierbei ist die *CRMCMP_CMP*, und diese enthält alle eigenen Windows und Views. Die aktuell aufgerufene Ansicht wird über das Window MAINWINDOW definiert. Innerhalb dieses *Windows* können verschiedene Views dargestellt werden. In diesem Beispiel ist das die Übersichtsseite *OverviewPage*, die die folgenden Views enthält:

❶ FALL-DETAILS

Der View *Detail* ist in zwei Bereiche, sogenannte *Viewareas* aufgeteilt, welche die Unterviews *Header* und *Note* enthalten.

❷ BETEILIGTE PERSONEN/ORGANISATIONEN

Dies ist der View *PartnerTable*.

❸ ANLAGEN

Der Anlagen-View wird sehr oft im CRM-System verwendet. Damit dieser nicht jedes Mal neu definiert werden muss, gibt es eine sogenannte *Komponentenverwendung*. Hier wird also die Komponentenverwendung *CUGS_CM* benutzt und damit das Window *MainWindow* aus der Komponente *GS_CM* eingebunden. In diesem Window ist der letztendliche View *DocList* gesetzt.

5.6.2 Anpassungen

Für Anpassungen an der Benutzeroberfläche ist die *UI-Komponenten-Workbench* (Transaktion *BSP_WD_CMPWB*) vorgesehen. Der Startbildschirm dieser Transaktion ist in Abbildung 5.17 zu sehen.

Abbildung 5.17: Start UI-Komponenten-Workbench

Jede Komponente kann in dem System beliebig erweitert oder verändert werden. Damit dies nicht als Modifikationen des Standards
erfolgen muss, gibt es sogenannte *Erweiterungssets*, die mehrere
Komponentenerweiterungen beinhalten können. Gemäß dem Standard gibt es pro SAP-Mandant ein Erweiterungsset, das über den
View BSPWDV_EHSET_ASG in der Transaktion *SM30* zugeordnet
wird. Zudem besteht die Möglichkeit, das Finden des Erweiterungssets über den Erweiterungsspot COMPONENT_HANDLING zu steuern.

Möchten Sie nun die UI-Erweiterungen der obigen Komponente anschauen, dann können Sie in dem Eingabefeld (❶) das Erweiterungsset angeben und auch anzeigen lassen (siehe Abbildung 5.18).
Ebenso ist es immer möglich, sich die Komponente ohne Erweiterungsset anzusehen – also so, wie die Standardauslieferung der SAP
es vorgesehen hat.

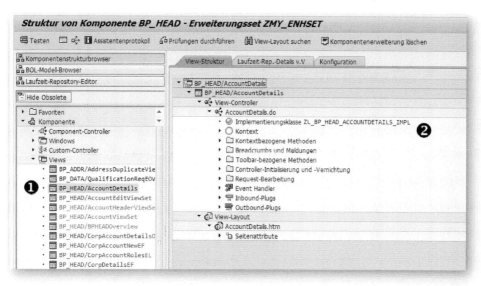

*Abbildung 5.18: UI-Komponenten-Workbench mit erweiterter
Komponente*

Die UI-Komponenten-Workbench ist in zwei Bereiche unterteilt: Der linke Teil ❶ listet die Bestandteile der Komponente auf. Das sind:

▶ der Komponenten-Controller,

▶ mindestens ein Window,

▶ ein (oder mehrere) eventuell vorhandene Custom-Controller und

▶ mindestens ein View.

Der Detailbereich rechts ❷ zeigt eine Ansicht für den gerade ausge-wählten Controller: in diesem Fall der erweiterte BP_HEAD/ACCOUNT-DETAILS.

Hier kann die UI-Konfiguration verändert werden (siehe Abschnitt 4.3.2). Der allerdings viel mächtigere Teil an Erweiterungen kann in allen anderen Bereichen der Komponente vorgenommen werden:

▶ VIEW CONTROLLER
Je nach View-Typ gibt es hier verschiedene Methoden, die in einer Erweiterung überdefiniert werden können. Einige Bei-spiele:

  ▪ Übersteuern der Konfigurationsfindung,
  ▪ Reagieren auf neue Events/Buttons,
  ▪ Hinzufügen von Buttons.

▶ KONTEXT
Im Bereich des Kontextes werden alle Kontextknoten, die in diesem View benutzt werden, aufgelistet. Hier können Sie einfach neue Kontextknoten erstellen, die Attribute eines Kontextknotens mit eigenen Attributen erweitern, Wertehilfen erstellen oder Events für die UI-Elemente definieren.

▶ VIEW
Der View ist meistens konfigurierbar, und daher muss hier bei neuen Feldern keine Anpassung erfolgen. Trotzdem ist eige-nes HTML- und Skriptcoding integrierbar.

▶ LAUFZEIT-REPOSITORY
Im Laufzeit-Repository werden definiert:

- Windows bzw. Viewsets und die dazugehörigen Views,
- Navigationslinks,
- verwendete Komponenten,
- Komponenteninterface zur Verwendung von anderen Komponenten.

▶ WINDOWS
Die Windows können ebenfalls erweitert werden. Sie beste-hen aus einem Controller und dem zugehörigen Kontext.

▶ COMPONENT-CONTROLLER
Der Komponenten-Controller ist der zentrale Einstieg für die Komponente selbst. Erweiterungen beschränken sich hier aber meist auf die korrekte Kontextübergabe bei einer neuen Komponentenverwendung.

▶ CUSTOM CONTROLLER
Custom Controller stellen ein besonderes Modell einer Kom-ponente dar. Sie halten Daten, solange die Komponente be-nutzt wird – im Gegensatz zu View Controllern, die nach dem Verschwinden des Views auf dem UI die Daten verlieren.

5.7 AET

Mit dem *Anwendungserweiterungs-Tool* (engl. *Application Enhance-ment Tool*, kurz *AET*) können einfache Felder bzw. Listen zu den CRM-Objekttypen hinzugefügt werden. In Abbildung 5.19 wurde ein neues kundenspezifisches Feld EINSTUFUNG erstellt.

In einem dialoggeführten Prozess werden der FELDTYP und die mögli-chen Werte festgelegt. Sind alle Erweiterungsfelder definiert, so wer-den in einem abschließenden Generierungsvorgang alle notwendigen Datenelemente, Strukturen, Tabellen, Funktionen und Klassen ange-legt und aktiviert. Als Ergebnis können diese Felder ohne weitere Anpassungen im UI verwendet werden. Das auf diese Weise erstellte

Feld EINSTUFUNG ist in Abbildung 5.20 inklusive der oben definierten
AUSWAHLLISTE zu sehen.

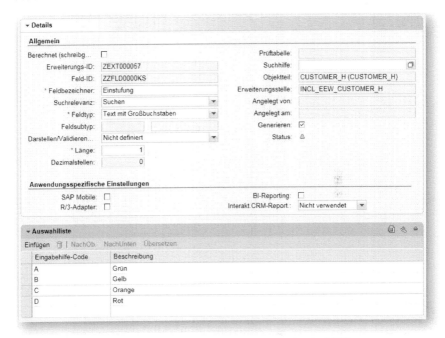

Abbildung 5.19: Erstellen eines neuen Feldes mittels AET

Abbildung 5.20: Erweitertes Feld im WebUI

Neben der Erweiterung von CRM-Objekten können mittels der *Rapid
Applications* auch komplett eigene Tabellen und entsprechende Pfle-
geviews generiert werden.

6 Hilfreiche Funktionen für Anwender

Das SAP-CRM-System bietet neben den vielen zuvor beschriebenen Funktionen etliche kleinere »Extras«, die die Benutzung des Systems für Endanwender erleichtern sollen. Einige davon werde ich in diesem Kapitel vorstellen.

6.1 Personalisierung

6.1.1 Persönliche Einstellungen

Das CRM-System ist mit zahlreichen Optionen ausgestattet, das System an den Bedarf des einzelnen Nutzers anzupassen. Mittels des Buttons PERSONALISIERUNG kommt man auf die Übersichtsseite in Abbildung 6.1. Hier können Einstellungen, die in anderen SAP-Systemen mittels der Transaktion *SU3* erfolgen, aber auch weitere Parameter verändert werden.

Abbildung 6.1: Personalisierung – Übersicht

Über den Eintrag EINSTELLUNGEN • EINSTELLUNGEN PERSONALISIEREN gelangen Sie auf das in Abbildung 6.3 dargestellte Pop-up. Dieses bietet unter ALLGEMEINE EINSTELLUNGEN Auswahlfelder für die Zeitzone, die Dezimalschreibweise, das Datums- und das Zeitformat.

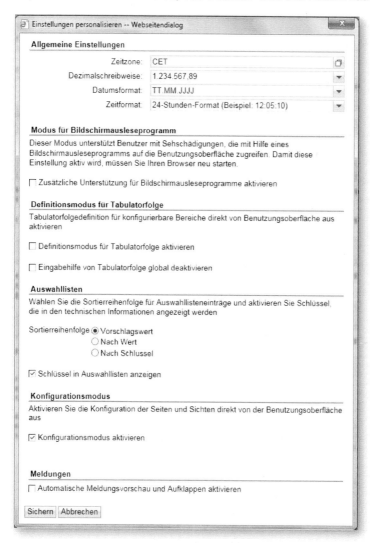

Abbildung 6.2: Personalisierung – Einstellungen

Weitere Optionen sind:

▶ BILDSCHIRMAUSLESEPROGRAMM
Falls ein Programm für Personen mit Sehschädigung benutzt werden soll, muss diese Option bei dem Benutzer aktiviert werden.

▶ TABULATORFOLGE
Um mit der ⊞-Taste zum nächsten Feld wechseln zu können, gibt es im System eine vordefinierte Reihenfolge der Felder. Da dies aber nicht immer der Arbeitsweise der Benutzer entspricht, kann mithilfe der Tabulatorfolge diese Reihenfolge verändert werden.

▶ AUSWAHLLISTEN
Hier kann eine persönliche Sortierung für alle Auswahllisten vorgenommen werden. Zudem lassen sich auch die Schlüssel der Listen mit einblenden (Abbildung 6.3).

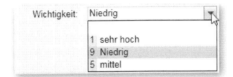

Abbildung 6.3: Auswahllisten mit Schlüsseln

▶ KONFIGURATIONSMODUS
Das im Abschnitt 4.3.2 vorgestellte Anpassen der UI-Felder kann auch direkt im Browser definiert werden. Damit können entsprechend berechtigte Benutzer im Entwicklungssystem Customizing-Transporte erstellen.

▶ MELDUNGEN
Bei der Arbeit mit dem CRM-System können Informations-, Warn- oder Fehlermeldungen auftreten. Die Meldungsanzeige kann dabei immer sichtbar sein oder auch verborgen werden. Im letzteren Fall ist zunächst immer nur ein Icon mit der wichtigsten Meldung sichtbar.
Wird die Anzeige minimalisiert dargestellt, so kann über die hier beschriebene Personalisierungsoption eine aufklappende Meldungsvorschau aktiviert werden.

6.1.2 Layout

Eine weitere Personalisierung der Oberfläche können Sie unter dem Punkt LAYOUT • LAYOUT PERSONALISIEREN vornehmen. Hier kann für die Benutzeroberfläche des CRM-UIs ein anderes Motiv gewählt werden. Zudem gibt es Optionen, um zusätzliche Aufrufe abzuschalten, die im Hintergrund ablaufen und eventuell eine verringerte Performance des Gesamtsystems bewirken können.

6.1.3 Personalisierungsknopf

Wenn wir uns im System bewegen, dann wird uns ziemlich schnell das allgegenwärtige Icon 🔧 auffallen. Dieses finden wir:

▶ auf Übersichtsseiten (siehe Abbildung 6.4) und

▶ bei Tabellen (siehe z. B. Abbildung 6.5).

Hiermit kann die Ansicht für den aktuellen Benutzer angepasst werden, indem ganze Blöcke oder Spalten ein- bzw. ausgeblendet werden.

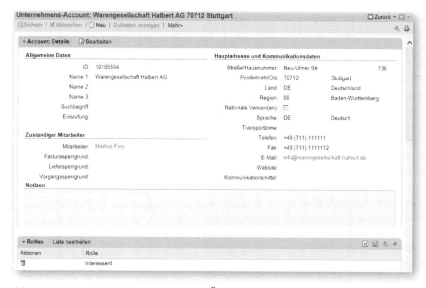

Abbildung 6.4: Personalisierung – Übersichtsseite

Die Einstellungen zur Tabellenpersonalisierung (Abbildung 6.5) sind noch weitreichender. Die Auswahl der Spalten kann verändert werden ❶, deren Größe angepasst und fixe Spalten eingestellt werden ❷. Außerdem lässt sich eine Tabelle nach der gewünschten Reihenfolge sortieren ❸.

Wie aus der SAP GUI bekannt, ist es auch im CRM möglich, Ansichten für Tabellen zu speichern. Das bedeutet, man definiert einmal die gewünschten Spalten, deren Reihenfolge und Breiten und speichert diese Ansicht ❹.

Abbildung 6.5: Personalisierung – Spalten einer Tabelle

Möchten Sie diese Ansicht auch für andere Tabellen später wieder benutzen, so können Sie den VIEW in der Tabelle (siehe Abbildung 6.6) schnell darauf umstellen ❶.

Abbildung 6.6: Sichten in einer Tabelle

Ebenso können Spalten in Tabellen und Blöcke auf Übersichtsseiten einfach per Drag and Drop verschoben werden. Abbildung 6.7 zeigt beispielsweise, wie ich gerade den Zuordnungsblock ANSPRECHPART-NER verschiebe.

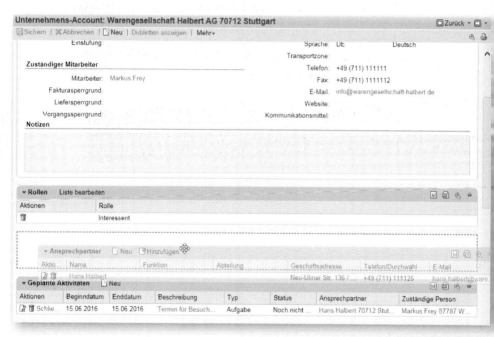

Abbildung 6.7: Personalisierung – Blöcke verschieben

6.2 Suchen

6.2.1 Verwendung der Suche

Eine große Stärke des SAP-CRM-Systems ist seine Vielzahl an Suchmöglichkeiten und deren flexibler Einsatz. Abbildung 6.8 zeigt die Suche nach Aktivitäten. Die Suchkriterien können auf vielfältige Weise definiert und miteinander kombiniert werden:

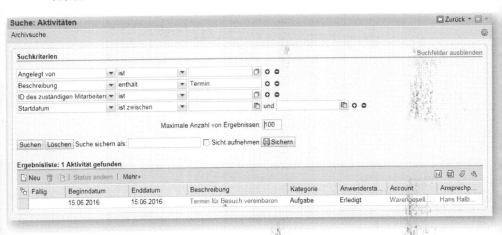

Abbildung 6.8: Suche nach Aktivitäten

▶ Zunächst werden die im System hinterlegten vordefinierten Suchparameter (SUCHKRITERIEN) angezeigt. Diese sind über entsprechendes Customizing änderbar.

▶ Die für die Suche zur Verfügung stehenden Attribute können über eine Auswahlliste verändert werden (Abbildung 6.9).

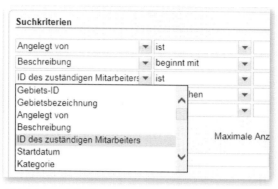

Abbildung 6.9: Suche – Suchparameter

▶ Auch die Suchoptionen lassen sich verändern. Sie sind im mittleren Bereich der Suchmaske zu finden. Pro Attribut kann im Customizing eingestellt werden, welche Optionen hier angeboten werden. Möglich sind:

ist,
beginnt mit,
enthält,
ist größer als,
ist kleiner als,
früher als,
später als,
zwischen.

▶ Sie können jedes Suchattribut mehr als einmal verwenden. Dazu klicken Sie bei einem ausgewählten Suchattribut am Ende der Zeile auf das Icon ⊙. Kommt ein Suchattribut mehr als dreimal vor, wird das System es aus Platzgründen gruppieren. Die Suchwerte können auch massenhaft (maximal 200 pro Attribut) eingefügt werden. Abbildung 6.10 zeigt Daten, die aus einer Excel-Tabelle kopiert ❶ [Strg] + [C] und als gruppierte Werte im CRM-System in den Suchparameter ACCOUNT ID ❷ wieder eingefügt [Strg] + [V] wurden.

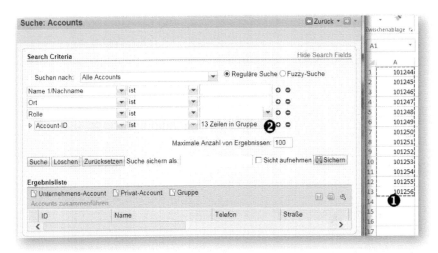

Abbildung 6.10: Suche – Daten aus Excel kopieren

▶ Für manche Attribute existieren Eingabehilfen in Form von Auswahllisten oder separaten Auswahlfenstern.

▶ Standardmäßig wird bei jeder Suche nur bis zu einer gewissen Anzahl an Ergebnissen gesucht (Standardwert ist hier 100). Diese Begrenzung ist vorgegeben, um eine möglichst schnelle Antwortzeit zu erreichen. Sie können die Anzahl jederzeit erhöhen. Falls mehr als 100 Ergebnisse im System vorkommen sollten, wird dies in der Ergebnisliste dargestellt (z. B. **Mehr als 100 Aktivitäten gefunden**). Dabei ist zu beachten, dass nicht unbedingt die 100 ältesten oder neusten Datensätze angezeigt werden.

6.2.2 Gesicherte Suchen

Die Suche kann mit allen Suchparametern (aber nicht mit den Ergebnissen!) gesichert werden – wie in Abbildung 6.11 dargestellt. Hierbei vergeben Sie unter SUCHE SICHERN ALS einen frei wählbaren Namen.

175

Abbildung 6.11: Suche – Sichern

Verhalten der gesicherten Suche

 Die gesicherte Suche speichert alle Attribute, wie sie eingegeben worden sind. Für regelmäßiges Suchen mit Datumsbezug (z. B. Aktivitäten der letzten Woche) sollte daher nicht ein festes Datum benutzt werden. Für diese Fälle gibt es in den meisten Suchen auch Zeiträume mit Werten wie »letzten Monat« (Abbildung 6.12).

Abbildung 6.12: Zeitraum als Suchattribut

Die so gespeicherten Suchen können sowohl von der Homepage (Abbildung 6.13) als auch über die Schnellzugriffsleiste (Abbildung 6.14) geöffnet werden. Dann lässt sich die Suche direkt ausführen, und die gefundenen Ergebnisse werden Ihnen angezeigt.

176

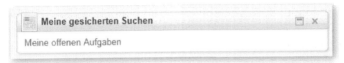

Abbildung 6.13: Suche – Gesicherte Suchen auf der Homepage

Abbildung 6.14: Suche – Schnellzugriff der gesicherten Suchen

6.2.3 Ergebnisse

Die Resultate der Suche werden in der *Ergebnisliste* ausgegeben. Das Layout dieser Liste kann, wie in Abschnitt 6.1.3 beschrieben, angepasst werden. Zudem bieten Tabellen die sehr hilfreiche Option, die dargestellten Ergebnisse und ausgewählten Spalten nach Excel zu exportieren; erreichbar ist diese Funktion über den Button 🖫.

Export nach Excel

Diese Option können Sie zum einen generell in der Business-Rolle mit einem Parameterprofil und dem gesetzten Parameter *EXPORT_DISABLE* abschalten. Zum anderen kann dies über das Berechtigungsobjekt *S_GUI* gesteuert werden.

Der Export generiert eine XML-Datei (siehe Abbildung 6.15), die direkt in Excel geöffnet wird. Die exportierte Tabelle ist bereits mit den entsprechenden Spaltentypen (z. B. Datumsfelder werden schon korrekt erkannt und dargestellt) und der Möglichkeit zum Filtern vorbereitet.

Voraussetzung hierfür ist ein entsprechend eingerichtetes System mit Microsoft Excel (ab Version 2003) und Internet Explorer mit aktiviertem ActiveX. Falls es zu Kompatibilitätsproblemen kommt, wird statt des XML-Files ein einfaches CSV generiert.

Abbildung 6.15: Suche – Export nach Excel

Für die Ausgabe von Suchergebnissen steht neben dem gerade genannten Excel-Button eine weitere Funktion zur Verfügung, nämlich der Diagramm-Button ⊞. Klickt man auf diesen Knopf, wird unterhalb der Ergebnisliste eine interaktive Grafik angezeigt, in der Sie alle in der Tabelle enthaltenen Spalten auswählen und die prozentuale Verteilung der Ergebnisse in einem Kreis- oder Balkendiagramm darstellen lassen können. Abbildung 6.16 zeigt hierzu ein Beispiel für die Verteilung von Aktivitätskategorien.

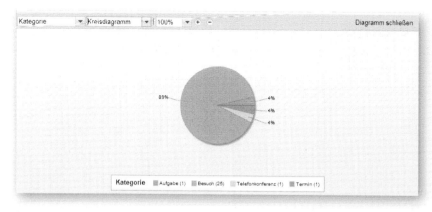

Abbildung 6.16: Suche – Diagramm anzeigen

Die Grafik berücksichtigt dabei nur die in der Ergebnisliste gelesenen Werte und versucht, diese nach gleichen Vorkommen der Werte zu ordnen. Intelligente Gruppierungen (z. B. Zusammenfassen von Monaten/Jahren in Datumsspalten) gibt es hier leider nicht.

6.3 Weitere nützliche Funktionen

Neben den gerade beschriebenen Such- und Personalisierungseinstellungen finden Sie im SAP-CRM-System viele weitere nützliche Features. Einige davon werde ich nun kurz erläutern.

6.3.1 Shortcuts

Das CRM-System bietet für Einsteiger eine einfache Oberfläche. Nachteil aller grafischen Besonderheiten ist, dass in den meisten Fällen eine Maus zum Bedienen des Systems notwendig sein wird. Für »Power User« (z. B. Callcenter-Agenten) kann das System mithilfe von Tastaturkürzeln (Shortcuts) und der richtigen Definition der Tabulatorreihenfolge so eingerichtet werden, dass diese (nahezu) ohne Mausnutzung arbeiten können. Wie in Abschnitt 4.3.1 beschrieben, können bestimmte Tastaturbefehle auf Ebene der Benutzerrolle eingerichtet werden.

Weitere Tastaturkürzel können vom Endbenutzer über PERSONALISIEREN • TASTATURBEFEHLE PERSONALISIEREN angepasst werden.

Die reibungslose Funktion muss mit der einzelnen Benutzergruppe detailliert beschrieben und getestet werden.

6.3.2 Häufig benutzte Links

Beim Einrichten der Business-Rolle sollten die am häufigsten benutzten Funktionen als *Quickcreate Links* oder auch direkt in der Navigationsleiste sichtbar gemacht werden.

Hier kann man natürlich nicht alle Benutzer zufriedenstellen, dafür haben die einzelnen Mitarbeiter einfach viel zu unterschiedliche Arbeitsweisen.

Den Block »Häufig benutzte Links« auf der Startseite kann daher jeder Benutzer individuell anpassen. Hier können Sie alle im System verfügbaren und für Ihren Benutzer berechtigten Links wählen und sich direkt anzeigen lassen. Ein Beispiel ist in Abbildung 6.17 zu sehen.

Abbildung 6.17: Häufig benutzte Links auf der Homepage

6.3.3 Suchen freigeben/teilen

In Abschnitt 6.2.2 wurde bereits beschrieben, wie Suchen inklusive der Suchattribute und der definierten Ergebnisspalten zum späteren Wiederverwenden für den eigenen Benutzer gesichert werden können.

Diese Funktionalität ist nicht nur auf den eigenen Benutzer beschränkt, sondern die gespeicherten Suchen können auch für andere Benutzer oder Benutzergruppen über den Button Freigeben freigeschaltet werden (siehe Abbildung 6.18). Dies kann neben Suchen auch Favoriten (Abschnitt 6.3.7) oder Tags (Abschnitt 6.3.8) betreffen.

Die Suchen werden dann im Bereich FREIGEGEBENE SUCHEN auf der Homepage dargestellt und können direkt von dort aufgerufen werden.

Abbildung 6.18: Freigabetool

6.3.4 Anhang per Drag & Drop

Das CRM-System erlaubt das Anhängen von Dokumenten an jede Art von Objekt. Diese können einzeln lokal gesucht und hochgeladen werden.

Um dies zu vereinfachen, gibt es auch einen »Drag and Drop«-Bereich im Zuordnungsblock ANLAGEN (Abbildung 6.19). Hier lassen sich mehrere Dateien gleichzeitig hineinziehen.

Abbildung 6.19: Drag and Drop für Dokumentanlagen

Diesen Drop-Bereich finden Sie in der Anlagenliste und auf dem Pop-up zum Hochladen von Dokumenten.

6.3.5 Systemanzeige

Die Standardkopfzeile des CRM-Systems kann den Namen des aktuellen Benutzers und der System-ID anzeigen (siehe Abbildung 6.20). Diese Funktion ist gerade für Systemadministratoren hilfreich, da diese oftmals in mehreren CRM-Instanzen arbeiten. Dazu muss der Parameter *HEADER_SYS_INFO* gesetzt werden.

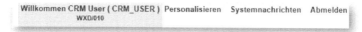

Abbildung 6.20: Systeminformation im Kopfbereich

6.3.6 Timeout

Wie in jedem SAP-System wird die *Benutzersession* (Sitzung) nach einer gewissen Zeit der Inaktivität zurückgesetzt. Diese Zeit können Sie mittels Systemparameter festlegen.

Wird diese Zeit erreicht, dann erscheint im Browser ein Alarmfenster (Abbildung 6.21) mit den Optionen ERHALTEN bzw. ABMELDEN. Wird keine Aktion gewählt, dann wird die Benutzersession auf dem Server gelöscht; das hat dann denselben Effekt wie ein Klick auf ABMELDEN. ERHALTEN setzt das Timeout zurück, und die Sitzung bleibt bestehen.

Abbildung 6.21: Sitzungs-Timeout

6.3.7 Favoriten

Alle Objekte (Geschäftspartner, Aktivitäten, Opportunities, Aufträge, Meldungen etc.) können mittels des Buttons ✎ als Favoriten gespeichert werden. Diese Favoritenliste wird über den in Abbildung 6.22 gezeigten Block auf der Startseite dargestellt.

Abbildung 6.22: Ansicht der Favoriten auf der Homepage

6.3.8 Tags

Möchten Sie die Funktionalität Ihrer Favoriten noch etwas besser gruppieren und darstellen, dann erreichen Sie das über *Tags*. Ebenso wie die Favoriten kann man über den Tag-Button ✎ Objekte markieren und mit bestimmten Begriffen versehen. Daraufhin werden diese Begriffe in dem auf der Startseite verfügbaren Block (siehe Abbildung 6.23) angezeigt. Mit einem Klick auf den Begriff werden die dazu abgelegten Objekte aufgelistet.

Abbildung 6.23: Ansicht der Tag-»Wolken« auf der Homepage

6.3.9 Simple Search

Wie gesehen, sind die in Abschnitt 6.2 beschriebenen Suchoptionen sehr vielfältig. Um bei seiner Suche auch den gewünschten Datensatz zu finden, muss man allerdings immer das richtige Suchattribut auswählen.

Da das nicht immer offensichtlich ist, gibt es im CRM-System die Lösung der *Einfachen Suche* (engl. *Simple Search*). Bevor diese Suche eingesetzt wird, sollten alle Attribute der Objekte auf den TREX-Server repliziert und indiziert werden. Das erlaubt dann eine Freitext-Suche nach den kompletten Inhalten. Ebenso ist eine *Fuzzy-Suche*, also eine Ähnlichkeitssuche, möglich. Sie gibt als Ergebnis eine prozentuale Ähnlichkeit zum Suchbegriff aus.

Der Benutzer kann über die Schnellsuch-Leiste (siehe Abbildung 6.24) auf die Einfache Suche zugreifen.

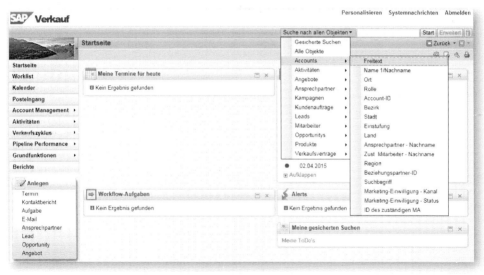

Abbildung 6.24: Aufruf der Simple Search

Neben der Suche nach einem speziellen Objekt (z. B. Kundenaufträge) kann auch eine Suche über Alle Objekte erfolgen. Als Ergebnis werden dann alle Elemente angezeigt, bei denen der gesuchte Begriff verwendet wird. Abbildung 6.25 zeigt das Ergebnis der Suche nach dem Namen *Halbert*.

Abbildung 6.25: Ergebnis einer einfachen Suche

7 Tipps für Systembetreuer

Wollen Sie ein bestimmtes Systemverhalten analysieren, um beispielsweise ein aufgetretenes Fehlverhalten einzugrenzen oder um eigene Anpassungen vorzunehmen, dann könnten die nachfolgenden Hinweise und Tipps hilfreich sein.

7.1 Anzeige der technischen Daten

Damit wir überhaupt eingrenzen können, auf welchem View wir uns gerade befinden und welche View-Konfiguration geladen ist, müssen wir die technischen Details eines Views anzeigen. Dazu navigieren Sie auf eine Seite der CRM-Oberfläche, in diesem Beispiel ist das die Account-Übersicht (siehe Abbildung 7.1).

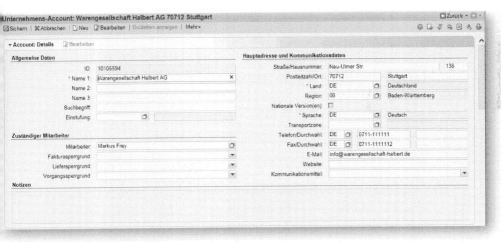

Abbildung 7.1: Ansicht eines Accounts im WebUI

Wenn Sie nun auf einem aktiven Element (z. B. das Eingabefeld NA-ME 1 aus Abbildung 7.2) die [F2]-Taste drücken, öffnet sich ein Popup mit den in Abbildung 7.3 gezeigten Inhalten.

* Name 1: Warengesellschaft Halbert AG   ✕

Abbildung 7.2: Eingabefeld

Abbildung 7.3: F2-Anzeige des aktuellen Feldes

Aus diesen Daten können Sie sehr wichtige Dinge herauslesen:

❶ Hier wird die Anwendungskomponente *CRM-MD-BP* angezeigt, die für das Eröffnen einer SAP-Meldung sehr hilfreich ist.

❷ Die ERWEITERUNGSINFORMATIONEN zeigen an, ob dieser View schon kundeneigene Anpassungen auf UI-Ebene enthält. Im Beispiel ist das der Fall, und zwar innerhalb des Erweiterungssets *ZMY_ENHSET*.

❸ Die TECHNISCHEN INFORMATIONEN zeigen zum ausgewählten Feld die dazugehörige Komponente, den View, Kontextknoten und das entsprechende Attribut.

❹ Der Bereich Konfiguration listet relevante Daten auf, die für die Findung der korrekten UI-Konfiguration verwendet werden. In diesem Beispiel wird eine kundeneigene Konfiguration eingesetzt, die aufgrund des Rollenkonfigurationsschlüssels (*ZSALESPRO*) gefunden wurde.

❺ Mithilfe des Design Layers können global Felder umbenannt bzw. ausgeblendet werden. Die erforderlichen Daten dazu sind in diesem Bereich zu finden.

7.2   WebUI ohne Erweiterungen

Hierfür hat die SAP einen Benutzerparameter eingeführt. Setzt man diesen Parameter *WCF_IGNORE_ENHANCEMENT* über die Transaktion *SU3* für den eigenen Benutzer auf den Wert *X*, so wird beim nächsten Start das WebUI ohne kundenseitige UI-Erweiterungen gestartet (siehe Abbildung 7.4).

Abbildung 7.4: Ausschalten der UI-Erweiterungen

7.2.1 Gezielt erweiterte(n) Komponente/View ausschalten

Die komplette Deaktivierung der kundenseitigen Erweiterungen wird anfangs funktionieren, kann allerdings bei größeren Projekten wiederum zu anderen Problemen führen (z. B. ist keine Anzeige eines Views mehr möglich, falls die View-Konfiguration auf neue, nicht im Standard verfügbare Attribute zugreifen möchte).

Daher kann es hilfreich sein, entweder eine erweiterte Komponente komplett oder nur einzelne erweiterte Views abzuschalten. Das können Sie über den Viewcluster BSPWDVC_CMPEXT (Transaktion *SM34*) erreichen. Abbildung 7.5 zeigt diese Transaktion mit dem Erweiterungsset *ZMY_ENHSET* und der erweiterten UI-Komponente *BP_HEAD*.

Abbildung 7.5: Pflege der erweiterten Komponenten

7.3 Anzeigen von erweiterten Fehlern

Das WebUI ist eine sehr fehlertolerante Benutzerschnittstelle. Das bedeutet, dass viele Fehler im Programmablauf abgefangen werden und keinen Abbruch im System erzeugen. Das ist für den Endanwender gut, zur Fehleranalyse aber nicht sehr vorteilhaft, da in solchen Fällen nur die wenig aussagende Fehlermeldung »Es ist eine Ausnahme im Programmablauf aufgetreten« in der Meldungsleiste erscheint.

Um in einem solchen Fall weitere Details zu bekommen und heraus-zufinden, an welcher Stelle im Coding der Fehler aufgetreten ist, kann über die Transaktion *SAAB* die Checkpoint-Gruppe *BSP_WD _EXCEPTION_DISPLAY* aktiviert werden (siehe Abbildung 7.6 und Abbildung 7.7). Damit werden alle intern abgefangenen Fehler trotz-dem angezeigt. Dies lässt sich auch nur auf bestimmte Benutzer und einen gewissen Zeitraum einstellen.

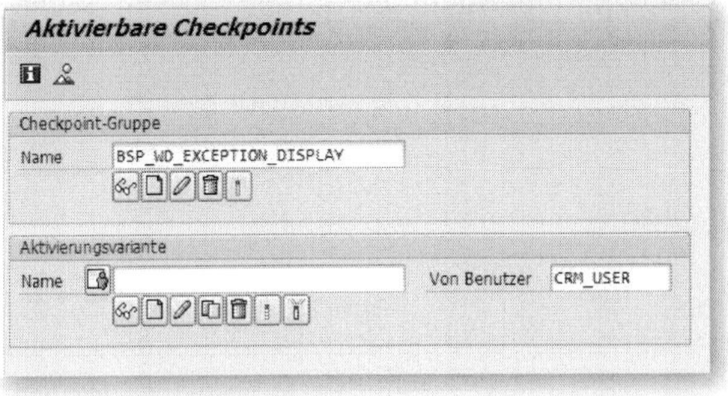

Abbildung 7.6: Transaktion SAAB

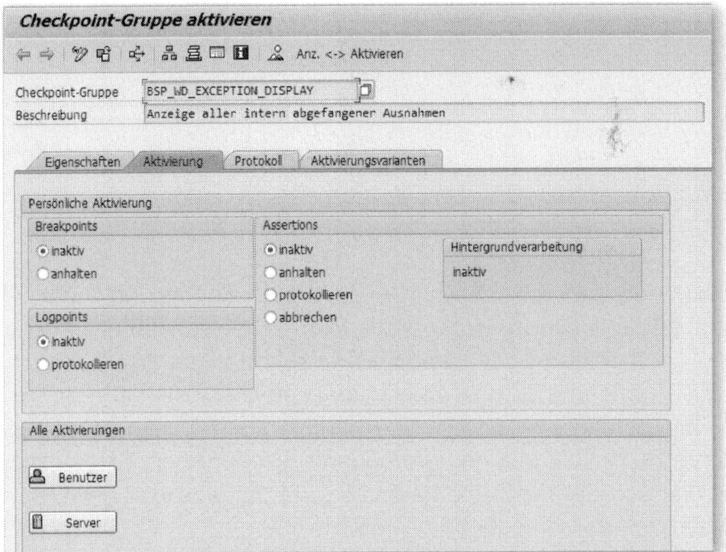

Abbildung 7.7: Checkpoint-Gruppe BSP_WD_EXCEPTION_DISPLAY

7.4 Verwendung des BOL-Modells

Wie ich in Abschnitt 2.1 schon beschrieben habe, liegt dem WebUI ein besonderes Datenmodell zugrunde, es wird als *Business Object Layer (BOL)* bezeichnet.

Mit diesem Datenmodell werden die Felder des CRM-Systems gefüllt (siehe auch das MVC-Modell in Abbildung 2.2). Die daraus resultierenden Daten können allerdings auch ohne das WebUI-Layout angezeigt werden.

7.4.1 Analyse mit Daten

Zur Analyse der Daten gibt es eine separate Transaktion, den *GENIL_BOL_BROWSER* (Startscreen siehe Abbildung 7.8). Mithilfe dieses Tools können Sie sehr einfach das *Datenmodell* prüfen und feststellen, wie die Daten vor dem letztlichen Darstellen in den einzelnen Views aussehen.

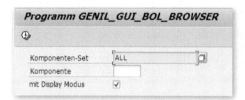

Abbildung 7.8: Start des BOL-Browsers

Die Bedienung erfolgt ähnlich wie im WebUI (Abbildung 7.9). Der Bereich ❶ listet alle in dem in Abbildung 7.8 gewählten KOMPONEN-TEN-SET verfügbaren Suchobjekte auf. Wählt man ein Suchobjekt mit Doppelklick aus und füllt die Suchkriterien ❷, dann kann man über Suchen die gefundenen Datensätze durchforsten. Nachdem der gewünschte Datensatz aus den verfügbaren Ergebnissen ❸ selektiert wurde, können Sie durch die baumartige Struktur zu den gewünschten Daten des Datenmodells navigieren.

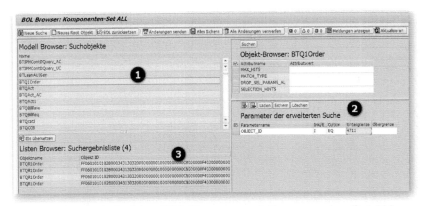

Abbildung 7.9: Aufruf des BOL-Browsers mit Komponenten-Set ALL

Die Abbildung 7.10 zeigt das abhängige Objekt *BTActivityH* (**5**), das durch Navigation im Bereich **4** (über die Relation BTHEADERACTIVITYEXT) angezeigt wird.

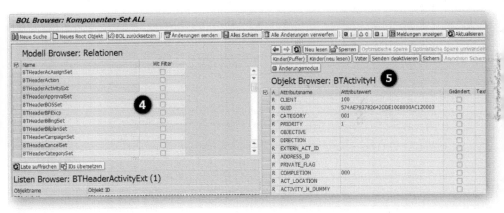

Abbildung 7.10: Objekt BTActivityH im BOL-Browser

7.4.2 Analyse des Modells

Falls man nur an der Struktur des Baummodells interessiert ist, kann man auf den *GENIL-Modellierungseditor* (*GENIL_MODEL_BROWSER*) zurückgreifen. Dieser zeigt zum einen, welche Suchen und welche Suchfelder zur Verfügung stehen. Zum anderen ist eine Navigation über die angesprochene Baumstruktur möglich (siehe Abbildung 7.11 und Abbildung 7.12).

Abbildung 7.11: Aufruf des GENIL-Model-Browsers

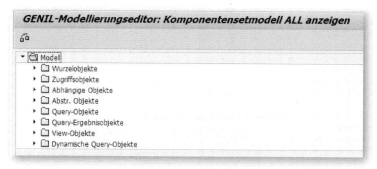

Abbildung 7.12: Objektstruktur im GENIL-Model-Browser

Die Navigation zum oben benutzten Objekt *BTActivityH* erfolgt über WURZELOBJEKT BTORDER • RELATIONEN • KOMPOSITION BTORDERHEADER • ZUGRIFFSOBJEKT BTADMINH • RELATIONEN • AGGREGATION BTHEADERACTIVITYEXT • ABHÄNGIGES OBJEKT BTACTIVITYH.

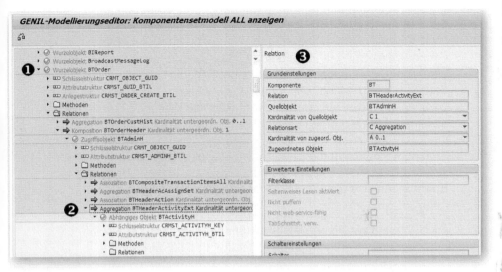

Abbildung 7.13: Navigation durch das Modell im GENIL-Model-Browser

Die Darstellung im GENIL-Model-Browser ist in die nachfolgenden Bereiche unterteilt:

❶ Links oben werden die einzelnen Objekte (z. B. Suchen, Wurzelobjekte) dargestellt. Jedes Objekt besteht aus Attributen (eindeutigen Schlüssel- und weiteren Attributen definiert durch eine Attributstruktur). Zudem können Objekte auch Methoden und Beziehungen (Relationen) zu anderen Objekten enthalten.

❷ Weiter unten werden RELATIONEN dargestellt, in diesem Fall die *BTActivityH*-Erweiterung des *BTOrder*-Objekts (hier wird z. B. die Priorität einer Aufgabe abgelegt).

❸ Wählt man in den Bereichen ❶ und ❷ ein Element über einen doppelten Mausklick aus, werden die Details dazu auf der rechten Seite angezeigt. Das Beispiel zeigt das Objekt *BTActivityH*.

7.5 Verhalten außerhalb des WebUI

Grundsätzlich gilt die Empfehlung, dass alle Endanwender in den aktuellen CRM-Versionen (ab Version 7.0) die Funktionalitäten im WebUI nutzen sollten. Die früher verwendeten Transaktionen sind zwar noch vorhanden, werden aber nicht mit weiteren, seit dem Erscheinen des WebUI neu entwickelten Funktionen »nachgerüstet«.

Trotzdem kann es in manchen Fällen (vor allem für Analysen im Fehlerfall) hilfreich sein, diese Transaktionen zu nutzen. Nach meinen Erfahrungen sind diese beiden Transaktionen am hilfreichsten:

▶ *BP*
Kann zur Pflege des Geschäftspartners, also der Firmen, Kontaktpersonen und Mitarbeiter, benutzt werden.

▶ *CRMD_ORDER*
Dient der Bearbeitung aller transaktionalen Vorgänge, z. B. Opportunities oder Aufgaben, siehe Abbildung 7.14.

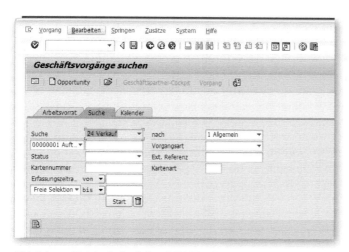

Abbildung 7.14: Aufruf der CRMD_ORDER-Transaktion

Einschränkungen

 Diese Transaktionen durchlaufen dieselben Funktionen wie die WebUI-Pendants. Falls allerdings gewisse Logiken in der Präsentationsebene des CRM-Systems angesiedelt sind (z. B. automatisches Ändern von Feldern in Controller- oder Kontextknotenklassen), werden diese hier natürlich nicht ausgeführt, und das Verhalten kann sich zu dem in der WebUI unterscheiden.

7.6 Hilfreiche Funktionen

Da das WebUI im Browser und nicht in der SAP-eigenen GUI ausgeführt wird, gibt es einige spezielle Tastatur-Shortcuts:

▶ [F2]-Taste:
Wie in Abschnitt 7.1 schon beschrieben, ist die Darstellung der technischen Daten die wichtigste Taste. Die verfügbaren Felder sind im betreffenden Abschnitt beschrieben.

▶ [Strg] + [⇧] + [F7] – der *Performance-Monitor* (siehe Abbildung 7.15):
Die hier gemessene Performance gibt gewissen Aufschluss darüber, an welcher Stelle im CRM-System die meiste Zeit verlorengeht. Aufgeteilt sind die Werte nach PAI (Process After Input, also der Verarbeitungszeit der Eingabedaten) und PBO (Process Before Output, der benötigten Zeit, um den neuen View darzustellen).

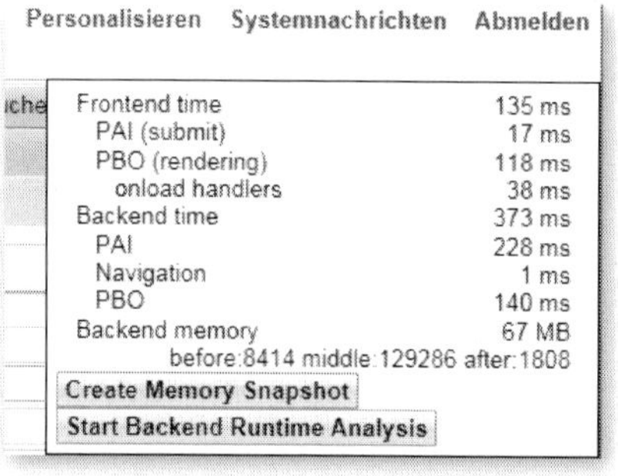

Personalisieren	Systemnachrichten	Abmelden

Frontend time	135 ms
PAI (submit)	17 ms
PBO (rendering)	118 ms
onload handlers	38 ms
Backend time	373 ms
PAI	228 ms
Navigation	1 ms
PBO	140 ms
Backend memory	67 MB
before:8414 middle:129286 after:1808	
Create Memory Snapshot	
Start Backend Runtime Analysis	

Abbildung 7.15: Performance-Monitor im WebUI

▶ Strg + Alt + F2 – System-Informationen (siehe Abbildung 7.16):
Dieses Pop-up zeigt Informationen zum benutzten CRM-System und der installierten Komponente an.

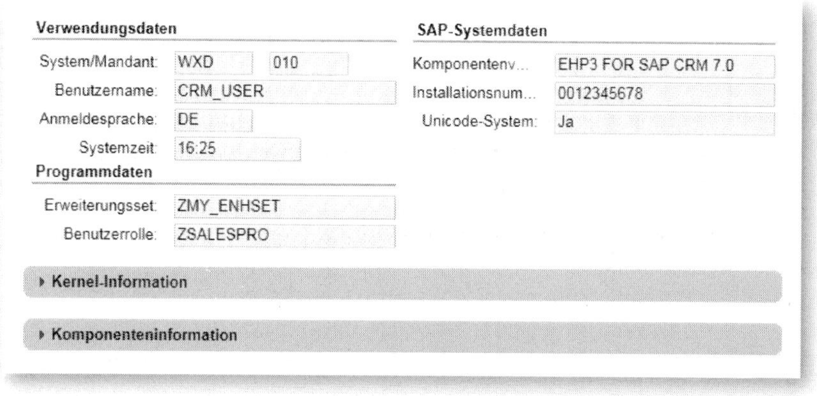

Verwendungsdaten		SAP-Systemdaten	
System/Mandant:	WXD 010	Komponentenv...	EHP3 FOR SAP CRM 7.0
Benutzername:	CRM_USER	Installationsnum...	0012345678
Anmeldesprache:	DE	Unicode-System:	Ja
Systemzeit:	16:25		
Programmdaten			
Erweiterungsset:	ZMY_ENHSET		
Benutzerrolle:	ZSALESPRO		

▸ **Kernel-Information**

▸ **Komponenteninformation**

Abbildung 7.16: Systeminformationen aus dem WebUI

▶ Alt + F2 – Setzen von Breakpoints:
Um bestimmte Stellen direkt aus dem WebUI debuggen zu können, kann man hier bei gewissen Ereignissen und erreichten Kriterien Breakpoints setzen (Abbildung 7.17). Dies kann hilfreich sein, vor allem um das UI-Framework und die BOL-Methoden näher zu untersuchen.

Bedingte Breakpoints

helfen, Sachverhalte hinsichtlich Anwendung und Framework effizient zu identifizieren.

Breakpoint 1: ☑ Aktiviert

in:	UI-Framework ▾	**bei Ereignis:**	7) Window - Outbound Plug ▾
wenn:	▾	ist:	
und:	▾	ist:	
und:	▾	ist:	

Der Outbound-Plug eines Fensters wird aufgerufen; wahrscheinlich muss ein View ausgetauscht werden.

Breakpoint 2: ☑ Aktiviert

in:	▾	**bei Ereignis:**	▾
wenn:	▾	ist:	
und:	▾	ist:	
und:	▾	ist:	

Zusätzlicher Breakpoint bei jedem: ☐ Server-Ereignis ☐ Textmeldung ☐ Fehler/Ausnahme

| Aktivieren | | Für Anwendungsstart aktivieren und speichern | Aktivieren und speichern | Laden |

Abbildung 7.17: Setzen von Breakpoints aus dem WebUI

▶ ⌨Alt + ⇧ + ⌨F2 – zeigt die Hierarchie des aktuell dargestellten Fensters an (siehe Abbildung 7.18).

⛭ Gesamte Hierarchie einblenden		
Hierarchie	Übergeordnete Vie...	Name übergeordn....
▽ ☐ BP_HEAD_MAIN/mainwindow	WorkAreaView	MD-BP-OV
▽ ☐ MainWindow	Root	Overview
▽ ☐ BP_HEAD/BPHEADOverview	Root	
▷ ☐ BP_HEAD/AccountViewSet	0001	
▷ ☐ MainWindow	0002	Roles
▷ ☐ BP_DATA/IndustryWindow	0003	BP_DATA
▷ ☐ BP_DATA/TaxNumberWindow	0004	BP_DATA
▷ ☐ AccountOpportunities	0005	BP_BPBT
▷ ☐ BP_BPBT/AccountLeads	0006	BP_BPBT
▷ ☐ AccountActivities	0007	BP_BPBT
▷ ☐ Contacts	0008	BP_DATA
▷ ☐ Relationships	0017	BP_DATA

Abbildung 7.18: View-Hierarchie am Beispiel der Account-Übersicht

▶ ⌈Strg⌋ + ⌈Alt⌋ + ⌈⬆⌋ + ⌈F2⌋ – zeigt die Liste aller vordefinierten Tastenkombinationen (siehe Abbildung 7.19).

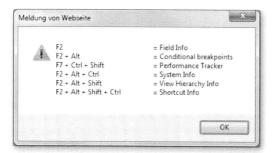

Abbildung 7.19: Liste der WebUI-Tastenkombinationen

7.7 SAP-Hilfen/Support/Hinweise

Die SAP bietet viele verschiedene Möglichkeiten, um mithilfe der Community oder direkt über den eigenen Support nach Lösungen zu Problemen ihrer Produkte zu suchen.

Die folgende Auflistung ist nicht vollständig, sondern stellt meine persönlichen Favoriten dar.

7.7.1 SAP-Hilfeseiten help.sap.com

Auf diesen generellen Hilfeseiten stellt die SAP Dokumentationen zu allen Produkten zur Verfügung. Die Dokumentation zum SAP CRM ist über den Link *https://help.sap.com/saphelp_crm70* zu erreichen.

Eine zentrale Linksammlung bietet auch dieser Einstieg:

https://help.sap.com/viewer/p/SAP_CUSTOMER_RELATIONSHIP_ MANAGEMENT

7.7.2 SAP Community

Die vormals bekannten SAP Developer Networks sind nun in die *SAP Community* integriert (*https://www.sap.com/community*). Hier gibt es Blogs, Wikis und auch die Möglichkeit, Fragen an andere Benutzer/SAP-Mitarbeiter zu stellen. Zudem lassen sich über die Suche schnell bereits gestellte Fragen und relevante Antworten finden.

7.7.3 SAP One Support

Seit 2016 bietet die SAP einen zentralen Einstieg für Kunden mit Problemen oder Fragen. Das Portal dazu nennt sich *SAP ONE Support Launchpad* (siehe Abbildung 7.20). Dies löst alle Funktionen aus der bekannten *service.sap.com*-Welt ab und gewährt zudem eine Suche auf vielen SAP-eigenen Seiten.

Abbildung 7.20: SAP-Support – Startseite

Falls es einmal notwendig sein sollte, eine Kundenmeldung mit einer Anfrage bzw. Problemmeldung direkt bei der SAP einzureichen, dann können die Informationen aus dem [F2]-Pop-up sehr wichtig sein:

Abbildung 7.21: Relevante Daten aus dem [F2]-Pop-up

Auch hier gilt: Je genauer und detaillierter die Fehlerbeschreibung ist, desto schneller kann die Anfrage beantwortet werden.

8 Ausblick

Aktuell ist die SAP-CRM-Version 7.0 mit Erweiterungspaket 4 verfügbar. Laut der neuesten Roadmap für das CRM-on-Premise-System wird das Produkt mindestens bis zum Jahr 2025 fortgeführt. Innerhalb der nächsten Jahre soll es einige Verbesserungen und weitere Entwicklungen geben.Viele dieser Anpassungen können von der CRM-Community über das *Customer-Connection-Programm https://influence.sap.com/* (»Kundeneinflussnahme«) vorgeschlagen werden. Nach einer erfolgreichen Prüfung durch die SAP und mit den notwendigen Stimmen der Community werden diese zeitnah umgesetzt und als SAP-Hinweise öffentlich verfügbar gemacht. Abbildung 8.1 zeigt das im Jahr 2017 laufende Programm *CRM 2017*.

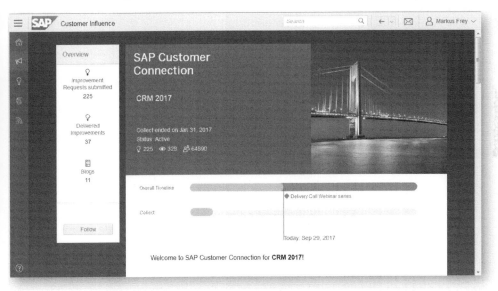

Abbildung 8.1: Customer-Connection-Programm der SAP

Neben diesen von Kunden initiierten Erweiterungen arbeitet die SAP vor allem in den Bereichen der UI-Verbesserungen, der HANA-Integration und der Verbindung des CRM-Systems mit S/4.

Gleichzeitig treibt SAP die Cloud-Lösung für das CRM massiv voran. Diese Lösung wird unter dem Namen *SAP Hybris* vermarktet. Sie integriert die Themen Marketing, Handel, Vertrieb, Service und Revenue viel stärker als das herkömmliche CRM. Vor allem der Bereich »Marketing« und die Integration der Online-Plattformen (wie Webshop, Kundenportal und der eigenen Website) sind ein Meilenstein bei der Weiterentwicklung des CRM zu einem umfassenden Kundenbindungssystem.

ESPRESSO TUTORIALS

Sie haben das Buch gelesen und sind mit unserem Werk zufrieden? Bitte schreiben Sie uns eine Rezension!

Unser Newsletter

Wir informieren Sie über Neuerscheinungen und exklusive Gratisdownloads in unserem Newsletter.

Melden Sie sich noch heute an unter
http://newsletter.espresso-tutorials.com

A Der Autor

Markus Frey hat sein Studium der Technischen Informatik an der Universität Ulm als Diplom-Informatiker abgeschlossen. Über seine Diplomarbeit im Bereich SAP CRM bei der ecenta AG, einem in Walldorf ansässigen Beratungshaus, ist er in die SAP-Welt eingestiegen.

In zahlreichen nationalen und internationalen Projekten bei namhaften Firmen konnte er sein umfassendes Wissen und seine Erfahrungen im SAP-CRM-System und dessen Umfeld erfolgreich einbringen.

Seit 2013 ist er verantwortlich für das Kundenmanagementsystem der MULTIVAC Sepp Haggenmüller SE & Co. KG, welches weltweit in über 70 Lokationen eingesetzt wird.

B Index

C Disclaimer

Die in diesem Werk wiedergegebenen Gebrauchsnamen, Handels-
namen, Warenbezeichnungen usw. können auch ohne besondere
Kennzeichnung Marken sein und als solche den gesetzlichen Be-
stimmungen unterliegen. Sämtliche in diesem Werk abgedruckten
Bildschirmabzüge unterliegen dem Urheberrecht der SAP SE, Diet-
mar-Hopp-Allee 16, 69190 Walldorf.

In dieser Publikation wird auf Produkte der SAP SE Bezug genom-
men. SAP, R/3, SAP NetWeaver, Duet, PartnerEdge, ByDesign, SAP
BusinessObjects Explorer, StreamWork und weitere im Text erwähnte
SAP-Produkte und Dienstleistungen sowie die entsprechenden Logos
sind Marken oder eingetragene Marken der SAP SE in Deutschland
und anderen Ländern. Business Objects und das Business-Objects-
Logo, BusinessObjects, Crystal Reports, Crystal Decisions, Web In-
telligence, Xcelsius und andere im Text erwähnte Business-Objects-
Produkte und Dienstleistungen sowie die entsprechenden Logos sind
Marken oder eingetragene Marken der Business Objects Software
Ltd. Business Objects ist ein Unternehmen der SAP SE. Sybase und
Adaptive Server, iAnywhere, Sybase 365, SQL Anywhere und weitere
im Text erwähnte Sybase-Produkte und -Dienstleistungen sowie die
entsprechenden Logos sind Marken oder eingetragene Marken der
Sybase Inc. Sybase ist ein Unternehmen der SAP SE. Alle anderen
Namen von Produkten und Dienstleistungen sind Marken der jeweili-
gen Firmen. Die Angaben im Text sind unverbindlich und dienen le-
diglich zu Informationszwecken. Produkte können länderspezifische
Unterschiede aufweisen.

Der SAP-Konzern übernimmt keinerlei Haftung oder Garantie für
Fehler oder Unvollständigkeiten in dieser Publikation. Der SAP-
Konzern steht lediglich für Produkte und Dienstleistungen nach der
Maßgabe ein, die in der Vereinbarung über die jeweiligen Produkte
und Dienstleistungen ausdrücklich geregelt ist. Aus den in dieser
Publikation enthaltenen Informationen ergibt sich keine weiterführen-
de Haftung.

Weitere Bücher von Espresso Tutorials

Christine Kühlberger:

Schnelleinstieg in die SAP®-Vertriebsprozesse (SD)

▶ Darstellung des Vertriebsprozesses anhand eines durchgängigen Beispiels

▶ Überblick über die Organisationseinheiten im Vertrieb

▶ Erläuterung der wesentlichen Stammdaten

▶ Anlegen von Auswertungen

http://5007.espresso-tutorials.com/

Simone Bär:

SAP® Agenturgeschäft (LO-AB): Zentralregulierung, Bonus und Provision

▶ das leistet die Business Function »Agenturgeschäft«

▶ Aufbau auf den vorhandenen Organisations- und Stammdaten

▶ integrierte Abbildung von Zentralregulierung, Provisionen, Boni

▶ Praxisbeispiele für verschiedenste Anwendungsfälle

http://5061.espresso-tutorials.com

Kevin Riddell, Rajen Iyver:

Practical Guide to SAP® GTS, Part 1: SPL Screening and Compliance Management

▶ Tips and tricks for leveraging SAP GTS to automate trade compliance

▶ Walk step by step through business processes

▶ Overview of regulatory requirements and compliance suggestions

▶ Review of Version 11.0 with screenshots

http://5100.espresso-tutorials.com

Kevin Riddell, Rajen Iyver:

Practical Guide to SAP® GTS, Part 2: Preference and Customs Management

▶ Best practices for leveraging SAP GTS for trade compliance

▶ Fundamentals of preference implementation and system set up

▶ How self-filing, broker models and free trade agreements can improve ROI

▶ Review of Version 11.0 with screenshots

http://5134.espresso-tutorials.com

Kevin Riddell, Rajen Iyver:

Practical Guide to SAP® GTS, Part 3: Bonded Warehouse, Foreign Trade Zone, and Duty Drawback

▶ Leveraging and configuring bonded warehouse

▶ Fundamentals of foreign trade zones

▶ How business users can get the most out of GTS functionality

▶ Detailed configuration and user guides for bonded warehouse and foreign trade zones

http://5162.espresso-tutorials.com

Ulrika Garner:

SAP® SD – Vertriebsprozesse leicht gemacht

▶ 32 Videos mit einer Gesamtlaufzeit von 3 h

▶ Grundlagen, Stammdatenpflege, Auftragsabwicklung

▶ Vertriebsbelege und Kundenauftragsinformationen abrufen

▶ mit interaktiven Übungen zum nachhaltigen Lernen

http://5220.espresso-tutorials.de